创新与坚守

30年教育之路思与行

雷 颖 著

校 订：李树新　刘燕飞　杨　姗
　　　　韩禄雪　赵　炎　谢春玲
　　　　李永利　张天宇　张佳琰
　　　　李　莹　霍文龙

吉林大学 出版社
JILIN UNIVERSITY PRESS
·长春·

图书在版编目（CIP）数据

创新与坚守：30年教育之路思与行 / 雷颖著. --
长春：吉林大学出版社，2022.10
ISBN 978-7-5768-0829-2

Ⅰ. ①创… Ⅱ. ①雷… Ⅲ. ①英语课—教学研究—中
学 Ⅳ.①G633.412

中国版本图书馆CIP数据核字（2022）第192450号

书　　名　创新与坚守：30年教育之路思与行
　　　　　CHUANGXIN YU JIANSHOU: 30 NIAN JIAOYU ZHI LU SI YU XING

作　　者　雷　颖　著
策划编辑　云　宇
责任编辑　代红梅
责任校对　云　宇
装帧设计　中尚图
出版发行　吉林大学出版社
社　　址　长春市人民大街4059号
邮政编码　130021
发行电话　0431-89580028/29/21
网　　址　http://www.jlup.com.cn
电子邮箱　jldxcbs@sina.com
印　　刷　天津中印联印务有限公司
开　　本　710mm×1000mm　1/16
印　　张　11
字　　数　160千字
版　　次　2022年10月　第1版
印　　次　2022年10月　第1次
书　　号　ISBN 978-7-5768-0829-2
定　　价　58.00元

序

"吾生也有涯，而知也无涯。"在有限的生命里，知识用其广博和深邃延展我们的生命。法国著名哲学家笛卡尔说："我思故我在。"思考是我们确认生命价值的一种重要途径，而在教育教学领域，"勤于思考"是一名教师敬业乐业的重要标志，"善于思考"是一名教师能力卓越的显著特征。在这本书里，雷颖老师用自己对英语教学孜孜不倦的追求和坚持不懈的探索，让我们看到了一名师者的"勤"与"善"。

勤思方能不怠。在教育改革的浪潮中，百舸争流，千帆竞逐。面对日新月异的新时代，面对个性张扬的青少年，身在教育一线的广大教师只有不断更新传统的教育教学理念，不断翻新已有的教育教学经验，才能推陈出新、顺应时代，感受到职业的激情和活力。雷颖老师有着28年的英语教学经验，在这本书里，你会看到新媒体技术、图形教学法、故事教学法等顺应时代要求、符合青少年特点的教学策略，也会看到绘本教学、评价量表等科学高效的教学手段。这些与时俱进的思考和实践，不仅激发了英语教学的活力，更是让教师的职业生命焕发出勃勃生机。

善思终有所成。"勤思"是态度，而"善思"则是能力与智慧。任何一门学问都需要大量的知识积累和积极的智慧探索。对于传统科目的教学来说，打破传统、推陈出新，需要勇气，更需要智慧。阅读本书，你可以感受到小小音标推动听说训练的四两拨千斤之效，可以感受到讲述故事发展语言功能的有效性与巧妙之处。这背后，无一不是教师智慧之光的闪现。而在这光芒的照耀下，无论是教师还是学生，都会所得匪浅，所获良多。

作为一所学校的校长，我因为有这样"勤思""善思"的优秀教师而骄傲；作为一个多年的朋友，我因为有这样坚守初心、执着追求的优秀伙伴而自豪！

李树新

Contents

目 录

第一章　听说教学中的技巧 ················· **001**

第一节　如何培养学生的口语表达能力 ············· 003

第二节　九年级英语听说备考教学实践探究 ············ 005

第三节　音标学习分类表 ··················· 016

第二章　阅读教学策略 ··················· **039**

第一节　六年级课外故事阅读的准备与实施策略 ········· 041

第二节　CLIL教学理念下的英语课外阅读研究 ·········· 052

第三节　英语教学中注重阅读问题设计的有效性 ········· 056

第四节　六年级英语绘本阅读教学初探 ············ 059

第五节　Lesson 10 教学设计 ················ 063

第六节　*Letters for Mr. James* 教学设计 ·········· 066

第七节　*The Silk Road*（《丝绸之路》）教学设计 ······ 072

第八节　*Sloppy Tiger and the Party* 教学设计 ······· 077

第九节　*What Is He Wearing?* 教学设计 ·········· 080

第十节　*Helping Each Other* 教学设计 ··········· 083

第十一节　*Helping at Home* 教学设计 ··········· 087

第三章　作业与评价 ····················· **091**

第一节　巧留英语作业增加学习兴趣 ············· 093

第二节　创新初中英语作业的形式促进学生学科素养的形成········ 098

第三节　重过程评价，促学生发展——初中英语形成性评价实践心得

　··· 102

第四章　不忘初心，方得始终——教学经验总结············· **109**

第五章　北京教育学院初中英语特级教师工作室研修成果······ **117**

第一节　在小说阅读中提升初中生英语学科核心素养的行动研究··· 119

第二节　绘本阅读教学中促进学生思维品质发展的实践策略········ 153

第三节　沐春风而思飞扬·· 163

参考文献·· **167**

第一章
听说教学中的技巧

第一节　如何培养学生的口语表达能力

在传统的思想意识里，我们鄙视光说不练的"天桥把式"，尊敬踏实肯干的"老黄牛"，但在实施素质教育的今天，我们必须学会表达自己、推荐自己。只有这样才能在人才激烈竞争的社会中找到自己的位置。英语作为世界通用语言、未来世纪的交际工具，口头表达——说，在英语教学中占据着重要的地位。几年来，我在英语教学中总结出一些培养学生口头表达能力的方法，在这里讲出来，与大家共勉。

一、课堂上坚持培养学生的口头表达能力

学校教育是对中小学生实施素质教育的主要渠道，课堂教学又是实施素质教育的主阵地，培养学生的表达能力必须从课堂做起。

1. 坚持用英语组织课堂教学

用英语组织课堂教学能烘托出英语课堂气氛，增强学生的求知欲，而且榜样的力量是无穷的。

2. 坚持值日生汇报制度

全班同学，每天一人值日，报告当天日期及天气情况、出勤情况及缺课原因，从而锻炼学生的口语表达能力。

3. 尽量运用现代化的教学手段给学生创造良好的"说"的环境

课前准备一些投影片，自制英语课件，设置一些好的情景，让学生做分组对话练习，或做对话表演。此举不仅能锻炼表达能力，而且也是对所学知识的运用消化的一个过程。

4. 课堂上尽量单独或小组活动

尽量给每个学生最大限度的说话机会。齐答齐读不容易发现问题，而且

还会养成部分学生的侥幸心理。

5.坚持复述课文制度

利用课件展示一些重要词句，或利用课件展示课文场景。养成学生积极思维、组织语言并能朗朗上口的好习惯。

二、课下坚持用英语对话

我校地处郊区，信息较闭塞尤其是英语，除课堂以外，学生几乎没有任何机会接触。没有条件，我们自己会创造。为此，我为学生规定，课下尽量用英语交谈。一时间，比说英语热的活动在校园里积极展开了。标准规范的、中英结合的、中式英文的句子，随处都能听到。但学生却故意躲着教师，不愿意与教师交谈。发现这一点以后，我便主动找机会与学生接触。

首先，课间走到学生中去，进行简单的问候，谈论一下天气，顺便解答一些学生的疑问。

其次，上英语课前故意提前到教室，不带录音机或投影片，从而寻求帮助的对话又可以得到训练了。

最后，下课后点名叫学生帮自己拿东西，感谢和应答又成了我们谈话的主题。

在教师和学生的共同努力下，学生的口语表达能力有了很大的突破。一次在校门口，一位原本不太爱开口的学生，很远就和我打招呼："Hi, Miss Lei, let's go home together."我很高兴，我们边走边谈。"与老师见面，该如何打招呼呢？"我满以为他会说出——"Good morning"或"Good afternoon"，可他却说："Aren't we good friends?""Oh, yes!"我本想纠正一下他的不当，现在反倒是有点多余了。我的步伐轻快了许多。从一点一滴做起，多练、多用、多实践，是提高学生口语表达能力的一条重要途径，而且也是对所学知识一个融会贯通的过程。同时，提高学生的口语表达能力，反过来也有利于知识的掌握。

三、定期进行"实战"训练

从学生的个体来说感受到学习的成功，体验到成功的快乐，才能树立学习的自信心。因此我决定，每月进行一次演讲比赛，请教研组教师参加，评出一、二、三等奖和进步奖，从而使学生都能积极参与，产生自我激励，形成积极稳定的自我提高的内部动力。

近几年来，在英语教学工作中，我们一直坚持把培养学生的口头表达能力作为英语教学的重要组成部分。我校许多毕业学生，在高一级学府中已崭露锋芒。一名即将毕业的中专生在给我的来信中这样写道："我的口语表达受到了老师及校长的肯定，说要优先推荐我呢。"

有人说，教育是走向未来的通行证。而未来永远属于那些今天就把自己准备好了的人们。谁能够今天把自己准备好，谁就能够走向未来，拥有未来。

第二节　九年级英语听说备考教学实践探究①

英语学习的目标之一应该是听得懂，说得出。在英语教学过程中，重视阅读而忽略听说的现象仍然存在。到了九年级，学生的听说能力令人担忧。北京市中考自2018年起增加了听说考试，形式为人机对话。首先，听力和口语考试计算机测评系统的播放质量远远好于广播系统和录音机，评价信度较高；其次，计算机测评的评分标准统一，对学生在语言表达的完整性、准确性、流利性、韵律性等方面的评判更加全面规范，其客观性要远远大于人工评分。但人机对话让许多学生有些手忙脚乱，不知所措。

2020年中考是北京市第三次听说机考，英语听力和口语考试与笔试分离，其中60分为卷面考试成绩，40分为听说考试成绩。英语听说机考分两次进行，2019年12月为第一次考试，2020年3月为第二次考试，学生选择得分高的成绩

---

① 本文在北京市燕山地区（现属北京市房山区）举办的英语学科论文评选中获一等奖，在"中国梦·全国优秀教育教学论文评选大赛"中获一等奖。

计入中考。2019年9月，针对该届学生的具体情况，我们通过调查、分析，制订了相应的听说训练计划。为了更好地进行英语教学改革，为教师和学生提供具体的学习建议，现把之前的实践和思考总结如下。

一、学生听说障碍与困惑的调查分析

听说机考时间为30分钟，第一题为听后选择，第二题为听后回答，第三题为听后记录和听后转述，第四题为短文朗读。2018年和2019年两年的机考，试题形式没有变化，但难易程度有所调整。2018年听说平稳过渡，2019年听说考试很多学生不适应，感觉难度大了很多。2018年试题调整，2019年难度提升，给一线的教学带来很大挑战，特别是让郊区师生应接不暇。如何备考和应考？我们首先对学生的现状进行调查和分析。

（一）调查过程

1. 调查对象

北京市燕山东风中学107名即将参加2020年中考英语听说考试的学生。

2. 调查方式

本次调查以问卷为主，访谈为辅。问卷主要涉及几个方面：①准备英语听说考试前最大的障碍或困惑是什么？②在准备听说考试过程中，你学到了哪些相应的解决方法？③在教室和机房练习听说的利与弊。④通过此次听说考试，哪些方面得到了提升？

3. 发放问卷

本次调查采用实名制，要求学生独立、客观的答题，表达最真实的想法和意愿。

（二）调查结果与分析

本调查共发放问卷107份，实际收回有效问卷107份，回收率为100%。其中男生51人，女生56人。

调查数据统计：

通过前期的数据收集与整理，我们明确了在备考过程中学生最大的难点是听后转述，有91.30%的学生认为这一题型难度大，无从下手，因此帮学生克服听后转述障碍成为我们备考过程中的重中之重。有33.8%的学生认为听后记录存在难点，主要集中在无法获取关键信息、单词拼写错误方面（见图1-1）。在备考过程中，常用到的解决方法有：速记、记录关键词（连词、时间等）、扩大词汇量、合理使用草稿纸、标序号等。通过近四个月的准备，学生普遍认为词汇量得到了极大的提高，语言表达和阅读能力不断提升，答题方法与技巧日渐熟练，并且通过长时间的练习，学生学会了坚持不懈与努力奋斗，真正落实了立德树人的根本目标。

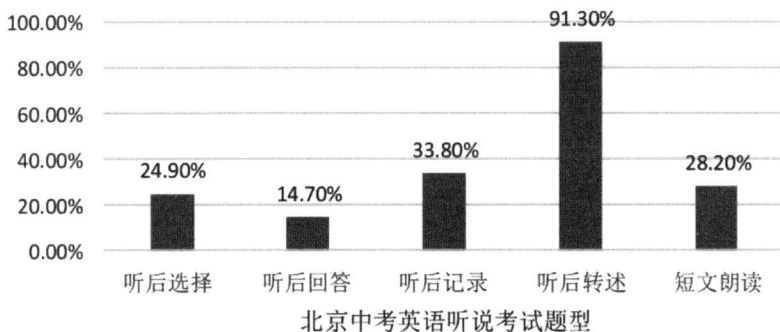

图1-1　准备英语听说考试前最大的障碍

二、九年级英语听说备考策略

试题经过2018年的极易试题到2019年"过山车"似的难度调整，给一线的教学带来很大挑战。考试要求日益提高，如何改善英语听说教学，提高训练效果，找出从容应对这种变化的策略，是需要英语教师深入探讨并解决的问题。

（一）狠抓"单词"不放松

学生在听后记录这一题型上往往存在单词拼写错误、单词混淆、抓不住关键信息等问题，深刻地告诉我们拼写单词和朗读单词在英语听说考试中的重要地位。从升入九年级伊始，我们便以浙江教育出版社的初中英语词汇小绿本作为复习资料，每天规定学生背诵并听写单词，写错的单词及时纠正，并按要求上传到微信群。后期，学生背得越来越快，正确率也越来越高，每当遇到不认识或拼写错误的单词，我们就把单词写在一张小卡片上，贴在教室侧面黑板上，一遍又一遍地滚动背诵。这样，日复一日，截至第一次听说考试前，我们的单词滚动复习了六七遍。临近考试前，我们以"词块理论"为指导，让学生分为几个学习小组，将人教（人民教育出版社）版、外研社（外语教学与研究出版社）版、北师大（北京师范大学出版社）版的教材整合，以日常生活、兴趣与爱好、世界与环境等多个话题进行分类，要求学生小组合作整理话题词汇。"词块理论"是由纳廷格（Nattiinger）和德卡里科（Dccarrico）两位学者于19世纪中期提出的，其定义是根据单词的长度不同作为界定，把不同长度的词汇作为词块。词块可以分为单词、短语、日常习惯用语、固定搭配等，通过记忆某一词块，在实际生活中就能够正确运用。这样的做法不但便于学生记忆单词，扩大了词汇量，并且能够提高学生自主学习、合作交流的能力。

此外，对于我们学校的很多孩子来说，短文朗读也是一大难点，很多单词不会读、读不准。针对这种情况，首先我们带着学生复习了单词的自然拼读规则，让学生了解单词的发音方法，遇到不会读的单词，也鼓励孩子们多查字典，识读音标，做到音形结合，不死记硬背。在练习的起始阶段，我们利用蒋京丽老师主编的《北京中考英语听说考试全真模拟训练》这本辅导书进行练习，一段时间以后，我们发现这本书对刚升入九年级的学生难度偏大，书中有大量复杂的生词和生僻的短语，学生借助字典等工具书逐一查询，既浪费了大量的时间导致学习效率低下，学生的兴趣和毅力又很容易在这种机械性的朗读过程中受到打击。为此，我们让学生以小组为单位进行配音，形式为对话，要求学生声情并茂地模仿原文，配音最好的小组可以到校广播站为全校进行英文广播。同学们对配音很感兴趣，常常为了把一个句子读好，一遍又一遍地跟读。经过一段时间的练习，学生们的语音、语调、连读、重读都有了很大程度的提高。

（二）巧用草稿纸

在实战演练的过程中，我们发现学生对于草稿纸的使用不是很好，没有合理地利用好草稿纸，总是将抓取的信息随意记录在草稿纸上，等到使用的时候就会出现不知道记录的信息所对应的题目、草稿纸空间不够写等现象，而且学生还要再浪费时间对于自己的草稿纸内容进行对号入座和归纳，这严重干扰了学生的听说考试作答的时间及效率。因此，我们要引导学生合理设计草稿纸的使用区域，提前做好准备工作来提高学生使用草稿纸的效率，真正使草稿纸成为学生听说考试当中的好帮手。

（三）分主题、抓关键、记句型

根据学生调查问卷的结果，有91.30%的学生认为听后转述这一题型难度大，无从下手。因此，在整个备考过程中，我们坚持把听后转述作为备考内容的重中之重。我们让学生分析每一套题目的主题，在明确主题的情况下猜测词义，提高准确率。在练习初期，我们鼓励学生盲听盲记，不设计任何问题，让学生对整篇文章有整体认知，之后学生互相讨论交流，补充自己没有获取的关键信息，然后再播放第二遍听力，这样的练习为后面的转述消除了障碍，打下了基础，使得学生从最初的无从下笔，获取的信息寥寥无几，到考试前获取的信息越来越完善。

通过大量的练习，我们总结出转述是分多个主题的，例如：提建议的、故事情节的、介绍俱乐部的、介绍活动的、介绍旅游路线的，介绍假期安排的等等，明确这些主题的记录方法后，再做转述就容易多了。以《北京中考英语听说考试全真模拟训练》为例，我和学生共同整理的关于建议和计划类文段13篇（见图1-2）。以张继红老师主编的《中考英语听说考试训练精编》为例，整理出关于建议和计划类文段16篇（见图1-3）。

P13 My weekend plan

P30 Plan for tomorrow

P31 Plans for this school year

P32 Things to remember; how to be a good listener

P50 How can we put work and nature together

P53 Cycling tours

P56 Notes for new term

P60 Tips about how to keep healthy

P66 Ideas for planning the summer vacation

P68 Advice on preparation for tests

P80 Safety rules for visitors

P81 Volunteer wanted

P83 Great ways to experience on foreign culture

图1-2　我和学生共同整理的《北京中考英语听说考试全真模拟训练》建议和计划类文段篇目

P7 Culture trips

P15 Tips from an English magazine about how to get on well with others

P19 The good food show at the capital food centre

P27 Tips for improving your spoken English

P31 Good listening habits

P35 Good speaking habits

P39 Rules at point place

P43 Some ideas for planning summer holiday

P47 Cheap ways to give presents

P51 Four ways of keeping healthy

P59 How to make friends

P64 Ideas for planning the summer holiday

P69 Museum guidance suggestions

P74 Four tips for making the best speech

P77 How to smile

P85 How to take notes in class

图1-3　我和学生共同整理的《中考英语听说考试训练精编》建议和计划类文段篇目

在明确主题的前提下，鼓励学生学会记录关键词，常见的关键词有动词、连词、包含时间和地点信息的词等，例如在记录连词时，让学生抓住first、first of all、second、third、and then、also、moreover、what's more、otherwise、by the way、in addition、at the same time、another、just like等关键连词。同学们利用这些连词，能够更有逻辑性地把文章串联起来，让文章更简洁明了。在转述过程中，一些文章的提示词很少，常常导致同学们思绪混乱。这时，利用好这些连词，就能够梳理文章脉络，更好地进行转述。当文章没有连词时，自行加上连词，也可以使文章更有骨架（见图1-4）。

1. First of all.../then/there's another problem.../besides
2. First/second/third/fourth/fifth/and finally
3. First of all/what's more/and then/next/finally/lastly
4. First of all/what's more/in addition/last but not least
5. First/then/also/after that/finally/at last
6. First of all/ besides/so.../meanwhile/remember/last but not least
7. First/what's more/and.../from Monday to Tuesday/the last day of...is...
8. Firstly/secondly/thirdly/and then/next/finally/lastly
9. First/second/next/last

我们把这些建议性、计划性文段连词整理出来，大概用了以上这些

总结性：in conclusion, in a word, to sum up, in summary, in short, above all.

表并列，转折：but, however, and, also, as well, while, on the other hand, instead, otherwise, some...others

图1-4　我和学生共同整理的建议性和计划性文段常用连词

学生在积累一些主题词汇后，有时也不能完整地表达文章信息，因此在备考过程中，我们开始注重学生对句型的积累。单词的复习也常常放在句子情境中，例如针对"提建议"这一主题，学生就积累了"×××is a good way to..." "It's one of the most fantastic experiences." "It's important for sb. to do..." "Would you like...?" "Will you please...?" "Shall we...?" "Let's..."等多个句型。句型的积累能够更好地帮助学生连词组句，转述时从最初的无从开口到最后的出口成章（见图1-5）。

× × × is a good way to…	I will share…
It's one of the most fantastic experiences.	Talk about tips/suggestions/advices
It's important for sb. to do…	The only way you can…
It's my pleasure to…	You should/shouldn't
It's the best way to…	You can/may…
It's easier to…	You need to…
It will also help…	…advise sb. to do…
The most important thing is that…	…tells us (not) to do
Most importantly	Doing…is…
I'd like to…	We must…because/when…
I want to…	If we…we'll…
We're going to…	Don't try to…祈使句
We will…	Don't be afraid of…祈使句

图1-5　我和学生共同整理的建议性文段常用句型

（四）明确教室训练和机房训练的利与弊

在学生复习一遍单词后，我们就让同学们进入机房，进行实战演练。在机房，同学们了解到整个英语听说考试的流程及注意事项，还近距离地感受了机考的氛围，熟悉了机考的操作流程。而且电脑可以即时显示学生的成绩，让学生了解自己的真实水平。但是在机房练习的过程中，教师也发现了问题：机房练习太浪费时间，一节课只能练习一套题，并且在练习中不能随意停止，这样就无法及时解答学生的问题和困惑，长期如此，效果不理想。

因此，在机房练习一段时间后，我们又将"阵地"转回教室。用《北京中考英语听说考试全真模拟训练》进行练习，在利用这本工具书时，同学们可以真正做到"哪里不会点哪里"，根据学生的薄弱点进行有针对性训练，不断查漏补缺，让学生不断地磨耳朵、练表达。同时，在练习的过程中，学生还可以跳过那些不必要的读题过程，一节课就可以练2～3套题，大大节约了练习时间，提高了做题效率。这样的方法使得学生的听说能力在备战初期得到了很大的提升。

三、听说备考后的反思与建议

在教师、学生和家长的共同努力下，2019年12月第一次听说考试落下帷幕，成绩喜人：满分35人，占总人数32.71%；优秀81人，占总人数77.88%；平均分为35.69分。优秀成绩的取得与我们在备考过程中的策略和努力是分不开的，几乎每天中午都能看到英语教师进班辅导学生的身影，晚自习之后，我们还会在教室里等最后一名学生读完当天的任务才离开学校，正所谓古话所说："合抱之木，生于毫末；九层之台，起于累土；千里之行，始于足下。"

（一）日常强化复述，提升口语水平

"听"是对输入信息的"加工"，"说"是表达，是"输出"，没有输入就没有输出。要在听懂的基础上说，在说的同时增强听的能力，听说能力并非一朝一夕可以练就的本事。在教学过程中，我们从学生升入初中开始，就循序渐进地培养他们的听说能力。

新初一年级（五四学制，也就是六年级）我们以故事教学为主要抓手，每节课结束后，引导学生看着图文并茂的思维导图，对文中对话进行转述。学期末，我们在年级范围内开展了讲故事比赛，既提高了学生的语音语调，又锻炼了学生的胆量。为了帮助学生完整且连贯地进行转述，我们便引导学生根据义中的内容，自己设计图文并茂的绘本（见图1-6），这大大提高了学生学习英语的兴趣。后来，我们还将学生分成小组，鼓励学生自编自导自演英语剧，在排练过程中，小组成员各司其职，相互配合，彼此帮助，将学习英语当作一件很有乐趣的事。

图1-6　学生自创绘本截图

（二）多种媒体助学，保持长久兴趣

新媒体作为学习的一种有效方式也逐渐成为当今社会的主要趋势。新媒体可以拓宽学习内容、改变学习模式、延长学习时长，更重要的是能够使学生保持长久的学习兴趣。

使学生感受地道纯正的英语，各种网络资源是很好的素材。在整个初中教学阶段，我们曾尝试过的方法有以下几种。

第一，观看原版英文电影或电视剧。例如：《爱丽丝梦游仙境》《阿甘正传》《放牛班的春天》《音乐之声》等。

第二，网络英语趣配音。先是以小组为单位自己找感兴趣的英语小片段，接着每个小组内组员分配任务，练习并模仿英语片段，同时画绘本，在小组进行过程中，同学们互帮互助，共同进步，这不仅加强了英语口音的纯正化，加强了口语的流利度，而且加深了学生之间的友谊，促进了组内和谐。

第三，建立英语交流微信群，每天放学以后，我们鼓励学生利用微信群坚持朗读打卡，同学们利用微信群互相纠错、互相督促、互相学习，教师及

时反馈学生的朗读问题，跟同学们一起交流讨论。（见图1-7、图1-8）

　　总而言之，我们教师要肩负起自己的责任，从思想上纠正观念，研究高效的教学策略。在教学实践中，教师应善于创设多种教学模式，开展丰富的教学活动，通过不同的评价模式激发学生的学习动力，进而不断完善教学策略，逐步提高学生的英语听说水平和应用能力，实现英语教学的目标。

　　英语是一种语言，语言的提高需要语境和不断的练习，应该要做到曲不离口，拳不离手。想学好英语，就必须养成每天温习英语的习惯，和英语成为形影不离的好朋友。如何让孩子们在暑假中与英语时刻相伴，从而使英语水平全面提升呢？雷老师的精心策划完美地实现了这个看似不可能的目标！充分利用网络资源，调动家长的积极性、读、写、录音、绘本、配音等多种形式，让原本枯燥的英语学习生动活泼。家长监督，同学相互监督，保证了作业质量，达到了预期效果。可以说，这是一次别开生面的英语夏令营！感谢雷老师，给英语学习进行了全新的定义，让孩子们受益匪浅，度过了一个充实的暑假！

李沐言家长，20190810

图1-7　学生家长感言

　　我的提高归功于几个月的读单词和做套题。每天课间、英语课、晚自习，我们都会大声地朗读单词。日积月累，我有了进步，我从最开始的"thick""big"混淆，变得越来越熟练，可以在第一时间判断出他说的词汇，并且写在纸上。我们还有很多更加有趣的活动：例如看电影、英语趣配音、画绘本……我最喜欢的是英语趣配音，同时它给我带来的帮助最大——我认识了许多新单词的同时我的朗读能力也在加强，这让我的转述和短文朗读都得到了很大提升。

图1-8　学生感言

第三节　音标学习分类表

一、英语48个国际音标

元音音标20个：　单元音：[i:] [i] / [æ] [e] / [ɜ:] [ə] / [ɑ:] [ʌ] / [ɔ:] [ɒ] / [u:] [ʊ]

双元音：[aɪ] [eɪ] / [aʊ] [əʊ] / [ɪə] [ɛə] / [ʊə] [ɔɪ]

辅音音标28个：　[p] [b] / [t] [d] / [k] [g] / [s] [z] / [f] [v] [w] / [ʃ] [ʒ] [h] [j]

[l] [r] / [m] [n] [ŋ] / [θ] [ð] /[tr] [dr] / [ts] [dz] / [tʃ] [dʒ]

辅音字母一步到位音：

Pp [p]　Tt [t]　Kk [k]　Ff [f]　清辅音：tr [tr]　ts [ts]　Ss [s]　th [θ]
Bb [b]　Dd [d]　Gg [g]　Vv [v]　浊辅音：dr [dr] dz [dz] Zz [z]　[ð]

Ge [dʒ] (ge在结尾)

Rr [r]　Ww [w]　Xx [ks]　Jj [dʒ]　清辅音在s后浊化 student study stand
Hh [h]　Ll [l]　Mm [m]　Nn [n]

双唇音：[p] [b] [m] [w]　　　唇齿音：[f] [v]

舌齿音：[θ] [ð]　　　　　　齿龈音：[t] [d] [s] [z] [n] [l]

齿龈后音：[r] [tr] [dr]　　　声门音：[h]

软腭音：[k] [g] [ŋ]　　　　硬腭音：[j]

硬腭齿龈音：[ʃ] [tʃ] [dʒ] [ts] [dz]

Yy　[j]：在开头：yes yellow
　　[aɪ]：在结尾：my
　　[i]：在结尾：baby

Cc
[k]在a、o、u "三个大胖子" 前:came 来(过去式)　come 来　cup 杯子
　　　　　　　　　　　comb 梳子　cute 可爱的　car 小汽车
[s]在e、i、y前：decide 决定　police 警察　city 城市　cite 引用
　　　　　　　pencil 铅笔　Lucy 露西　rice 大米　face 脸
　　　　　　　niece 侄女

ce [s]:　face 脸　　race 比赛　　nice 好　　　rice 大米

se [z]:　nose 鼻子　close 关闭　rise 升起

ge [dʒ]: age 年龄　cage 笼子　　orange 橘子

ve [v]:　five 五　　twelve 十二

pple [pl]　ble [bl]　ddle [dl]　gle [gl]　ttle [tl]　cle [kl]　mmer [mə]

nner [nə]　bber [bə]　ver [və]　pper [pə]　tter [tə]　dder [də]　ture [tʃə]

二、元音字母在开、闭音节单词中的发音

单词
开音节：
闭音节：

"〇"（大眼睛）表示5个元音字母之一，"|"（鼻子）代表辅音字母，"—"
（眯眯眼）表示不发音字母e。

1. 元音字母在开音节单词中的发音

字母本身音（开音节）

元音字母：（大眼睛）5个元音字母之一（字母本身音）

鼻子：代表辅音字母

眯眯眼：代表不发音的e

Aa [eɪ]　Ee [i:]　Ii [aɪ]　Oo [əʊ]　Uu [ju:]

Aa [eɪ]:　name 名字　lake 湖　　same 一样的　save 救　　late 迟的
　　　　　cake 蛋糕　hate 讨厌　race 比赛　　plate 盘子　face 脸

gave 给（过去式）　　　gate 大门　　　cage 笼子　　taste 品尝

take 拿　　　whale 鲸　　game 游戏　　date 日期　　wake 唤醒

bake 烤　　　wave 招手　plane 飞机　　came 来（过去式）

cave 洞　　　snake 蛇　　tame 驯养　　age 年龄

made 制造（过去式）

Ee [i:]: he 他　　　she 她　　　me 我　　　we 我们　　be 是

Ii [aɪ]: bike 自行车　five 五　　kite 风筝　　Mike 迈克　rice 大米

ride 骑　　　time 时间　bite 咬　　　fine 好的　hide 藏

lime 酸橙　　line 线　　mine 我的　　nice 好　　side 边

slide 滑　　　write 写　　like 喜欢　　life 生活　spite 尽管

wide 宽的　　mile 里　　wine 啤酒　　life 生活　pine 松树

decide 决定　white 白色　size 尺寸　　rise 升起　shine 照耀

wife 妻子　　beside 在……旁边

Oo [əʊ]: go 去　　　no 不　　　so 因此　　close 关　　nose 鼻子

phone 电话　home 家　　rose 玫瑰　　hole 洞　　dome 圆屋

cone 圆锥体　joke 玩笑　hope 希望　　those 那些　coke 可乐

mole 鼹鼠　　code 密码　vote 投票　　lone 孤独的　smoke 吸烟

poke 伸出　　stole 偷（过去式）　　Rome 罗马　prose 散文

Uu[ju:]: mute 无声的　huge 大的　fume 烟　　cute 可爱的　duke 公爵

tube 管子　　fuse 断开　tune 音符　　excuse 打扰　use 使用

useful 有用的　　　　amuse 使发笑

句子练习：

1）The baker is making a cake. 面包师在做蛋糕。

2）Make a birthday cake for Kate. 为凯特做生日蛋糕。

3）Bake a birthday cake for Kate as fast as he can. 为凯特烤生日蛋糕，尽可能快地烤。

2.元音字母在闭音节单词中的发音

a、e、i、o、u，在闭音节中的发音　　2号音(闭音节)

大眼睛：代表元音字母的2号音

鼻子：代表辅音字母

Aa大口梅花[æ]　Ee发小口[e]　Ii发[ɪ]　Oo发噘嘴[ɒ]　Uu发扁嘴[ʌ]

Aa发大口梅花[æ]：

bag 书包	map 地图	mat 地毯	back 回来	black 黑色
cap 帽子	family 家庭	sad 伤心	that 那个	bat 蝙蝠
mad 疯	had 有（过去时）		lack 缺少	at 在
lamb 小羊	am 是	camera 相机	parrot 鹦鹉	catch 抓住
carry 搬运	hammer 锤子	dad 爸爸	crab 螃蟹	jacket 夹克
bad 坏的	matter 事情	carrot 胡萝卜	Saturday 星期六	
rabbit 兔子	fat 胖的	rat 老鼠	blackboard 黑板	flat 平的
glad 高兴的	happy 高兴的	sat 坐（过去式）		

swam 游泳（过去式）　cabbage 卷心菜　hat 带檐的帽子

an[æn]：an 一个　　pan 平底锅　van 货车　　fan 扇子　thank 谢谢

land 陆地　pants 裤子　panda 熊猫　band 乐队　stand 站

and 和　　man 男人　hand 手　　　sand 沙子　ant 蚂蚁

plant 植物　flag 旗　　bank 银行　　can 能　　candy 糖果

banana 香蕉　sandwich 三明治　eggplant 茄子

Canada 加拿大　grandmother 奶奶　grandfather 爷爷

短语、句子练习：

1）a fat cat 一只胖猫　　　　　2）a bad apple 坏苹果

2）stand back 往后站　　　　　4）have a chat 闲聊

5）traffic jam 交通堵塞　　　　6）catch a bad cold 患重感冒

7）a happy family 幸福的家庭　　8）hand in hand 手拉手

9）Jack is a man. 杰克是男的。　10）The cat is fat. 这只猫胖乎乎的。

绕口令：

Cats catch the bad rat. 猫抓住那只坏老鼠。

Can you can a can as a canner can a can? 你能像罐头制造商一样制造罐头吗？

Ee发小口 [e]：

bed 床	desk 桌子	egg 鸡蛋	better 更好	letter 信
red 红色	pet 宠物	west 西边	sell 卖	get 得到
bet 打赌	never 从不	beg 祈求	help 帮助	fresh 新鲜
best 最好的	leg 腿	yes 是的	rest 休息	step 一步
tell 告诉	lend 借	neck 脖子	seller 售货员	forget 忘记
let 让	dress 女服	chess 棋	lesson 课	clever 聪明
seldom 很少	memory 记忆	net 网	vet 兽医	wet 湿的
seven 七	next 下一个	left 左边的	met 遇到（过去式）	

en[en]：　pen 钢笔　　　　pencil 铅笔　　end 最后　　French 法语

　　　　　men 男人（复数）　ten 十　　　　hen 母鸡　　send 送

短语、句子练习：

1）left leg 左腿

2）in the end 最后

3）a best seller 一本畅销书

4）a French lesson 一节法语课

5）never ever 从不

6）get some rest 休息一会儿

7）Vets beg for a rest. 兽医乞求休息。

8）The vet looked at the pet's left leg. 兽医看着这只宠物的左腿。

9）Men lend ten pens and seven pencils in the end. 最后男人借了十支钢笔和七支铅笔。

10）Could you help me send this letter? 你能帮我把这封信寄出去吗？

11）Ann sent Andy ten hens and Andy sent Ann ten pens. 安送给安迪十只母鸡，安迪送给安十支钢笔。

12）A vet met a seller who is selling fresh eggs. 兽医遇到了卖新鲜鸡蛋的小贩。

13）Men never let the pet rest. 男人从不让这只宠物休息。

14）The clever hen has best memory and helps the vet play chess. 聪明的母鸡有最好的记忆力并且能帮助兽医下棋。

15）The hen gets a bed and a desk. 母鸡得到了床和桌子。

16）Men forget to tell the seller to lend the French book. 男人忘记告诉销售员借法语书。

17）Good,better, best. 好，更好，最好。

Never let it rest. 从不停息。

Till good is better. 直到好的成为更好。

And better best. 更好的成为最好。

区分：1）pen pal 笔友　　　　2）a bag of eggs 一袋鸡蛋

　　　　3）lend a hand 帮助　　　　4）a red flag 红旗

Ii 发[i]：

it 它	is 是	him 他	big 大的	dip 浸	six 八
kick 踢	dig 挖	sit 坐	bit 一点	this 这个	pick 摘
tip 嘴唇	dish 盘	fish 鱼	pity 遗憾	little 小	pig 猪
lid 盖子	thick 厚的	city 城市	film 电影	ship 船	fit 适
sick 生病	sister 姐妹	milk 牛奶	picnic 野餐	dinner 晚餐	

did 做（过去式）　　　in 在……里　twin 双胞胎之一

短语、句子练习：

1）a big fish 一条大鱼

2）twin sisters 孪生姐妹

3）a little bit 有点

4）You can sit and think. 你可以坐下来想。

5）And fish and sit. 坐着钓鱼。

6）And fish and think. 边钓鱼边想。

7）And think and wish. 想着，希望着。

8）That you could get a cool drink. 希望有一杯冷饮。

9）Swan, swan over the sea. 天鹅，天鹅在海上。

Swan, swim，swan. 天鹅，天鹅在游泳。

Swan, swan back again. 天鹅，天鹅回来吧。

Well swum, swan. 天鹅游得棒。

绕口令：1）Peter is digging a pit. 彼得在挖坑。

2）It's easy to dig a pit here. 在这儿挖一个坑很容易。

3）Oh, what a deep pit. 噢，多么深的坑啊！

区分：1）pick a peach 摘桃子　2）eat fish 吃鱼　3）a cheap ship 便宜的船

4）a big bean 一个大豆子　5）sit on the beach 坐在沙滩上

Oo发噘嘴[ɒ]：

hot 热　　　pot 壶　　　lot 许多　　　dot 点　　　cot 小床　　job 工作

dog 狗　　　fog 雾　　　box 盒子　　　fox 狐狸　　stop 停　　lock 锁

mop 拖布　not 不　　　sock 短袜　　cock 公鸡　　shop 商店　cross 穿过

cost 值……钱　　　　lost 丢失　　block 大楼　　knock 敲

doctor 医生 long 长的　bottle 瓶子　　clock 钟表　coffee 咖啡

sorry 对不起　　　　holiday 假期　chopsticks 筷子

chocolate 巧克力　　on 在……之上　　　　got 得到（过去式）

短语、句子练习：

1）hot dog 热狗

2）on holiday 在假期

3）coffee pot 咖啡壶

4）office block 办公大楼

5）a hot dog and a cup of hot chocolate 一个热狗和一杯热巧克力

6）The hot dog cost me two dollars. 这个热狗花了我两美元。

Uu 发扁嘴 / ∧ /：

sun 太阳	bus 公共汽车	cup 杯子	but 但是	up 向上
cut 切	us 我们	run 跑	fun 有趣的	nut 坚果
hut 茅草屋	tub 浴盆	mud 泥	just 仅仅	lunch 午饭
duck 鸭子	under 向下	much 许多	such 如此的	jump 跳
study 学习	truck 卡车	mum 妈妈	club 俱乐部	hurry 快点
butter 黄油	uncle 叔/伯/舅	sunny 晴朗的	hungry 饥饿的	
husband 丈夫		Sunday 周日	subject 科目	supper 晚餐
summer 夏天				

短语、句子练习：

1）just for fun 只是为了兴趣

2）get up 起床

3）lunch and supper 午餐和晚餐

4）bus stop 公共汽车站

5）a lot of fun 很多的乐趣

6）hunt up 猎取

7）He is running a club. 他经营着一个俱乐部。

8）She loves her mum very much. 她很爱她的妈妈。

9）Look！A little duck suddenly jumped into the river. 看！一只小鸭子突然跳进河里了。

[i:] [ɪ] [e]

1）A pretty girl breeds a pretty bird. 一位可爱的小姑娘养了一只可爱的小鸟。

2）Clean it when the bird is dirty. 小鸟脏了就给它洗干净。

3）Water it when the bird is thirsty. 小鸟渴了就喂给它水喝。

4）Feed it when the bird is hungry. 小鸟饿了就喂它吃的。

5）The bird feels lucky and happy. 小鸟觉得幸运而幸福。

6）My wife wipes Mr Snipe's wife's knife. 我妻子擦净了斯耐普先生妻子的刀。

7）A kind cat is flying a dragon kite. 一只善良的小猫在放一条龙的风筝。

8）Shy Charles chose cheap cheese, chablis and cherries. 害羞的查理选了便宜的奶酪、夏布利酒和樱桃。

9）Five fat frogs found five flying flies. 五只肥青蛙发现五只飞着的苍蝇。

10）The hunter and his huge horse hid behind the house. 猎人和他的巨马藏在房子后面。

11）Fat rat carry that cabbage happily and pat crab sadly. 胖老鼠高兴地搬运那个卷心菜并生气地拍打螃蟹。

12）Dad catches a mad rabbit and a lamb on Saturday. 星期六爸爸抓住了疯狂的兔子和小羊。

13）That black parrot and bat sat on the bad mat. 那只黑色的鹦鹉和蝙蝠坐在坏了的地毯上。

14）Grandmother and grandfather came back in a van, they are glad and thankful. 奶奶和爷爷坐着货车回来了，他们很高兴还心怀感激。

15）The tamed panda and a Canada ant stand on the sand. 被驯服的熊猫和一只加拿大蚂蚁站在沙子上。

16）Man lack carrot, eggplant, sandwich and candy. 男子缺少胡萝卜、茄子、三明治和糖果。

三、字母组合的发音

1.[i:]

e: he 他　she 她　we 我们　me 我　eve 前夕　these 这些　Chinese 汉语　Japanese 日本人

ee: bee 蜜蜂　sheep 绵羊　week 一周　deep 深的　keep 保持　feet 脚　sweet 甜的　green 绿色　tree 树　three 三　jeep 吉普车　feel 感觉　meet 见面　peel 削开　teeth 牙　weed 除草　feed 喂　street 街　fleet 航队　sleep 睡觉　meeting 会议　heel 脚跟　freeze 冷冻　seem 似乎　thirteen 十三　indeed 确实　between 两者之间

ea: tea 茶　eat 吃　pea 豌豆　meat 肉　leave 离开　sea 大海　beat 打　heat 热　read 读　lead 领导　seat 座位　steal 偷　peak 山顶　leaf 叶子　team 队　dream 做梦　meal 餐

ei: seize 抓住　receive 接到　deceit 欺骗　perceive 意识到　deceive 欺骗

ie: piece 一条；一块；一副　believe 相信　thief 小偷　field 田地　niece 外甥

ey: key 钥匙

i: police 警察　machine 机器

短语、句子练习:

1) in the
- tree 在树上
- street 在街上
- fields 在田野里
- deep sea 在深海里

2) have a meeting 开会

3) eat meat 吃肉

4) keep a dog 养狗

5) a key man 一个关键性的人

6）a man in green 一个穿绿色服装的人

7）peach tree 桃树

8）feel cheap 感到惭愧

9）steal sheep 偷羊

10）see a sheep in the street 在大街上看到一只羊

11）keep a key 保管钥匙

12）three weeks later 三个星期后

13）green tea 绿茶

14）sweet dream 美梦

15）leave the team 离开队伍

16）keep eighteen sheep 饲养十八只绵羊

17）feed them with tree leaves 用树叶喂它们

18）Seeing is believing. 眼见为实。

19）He eats three pieces of meat. 他吃了三块肉。

20）This can be seen only in the deep sea. 这东西只有在深海里能看见。

21）He feels sad indeed. 他确实感到很伤心。

22）Eating too much meat is indeed very harmful，I believe. 我认为，吃肉太多肯定很有害。

绕口令：

1）Silly sheep weep and sleep. 愚蠢的小羊哭累了便睡觉了。

2）Jim seized the thief who liked to steal his beef. 吉姆抓住了喜欢偷他牛肉的小偷。

3）I see a bee in the tree. 我看见树上有一只蜜蜂。

4）He eats much meat in each meals. 他每顿饭都吃很多肉。

5）We often meet Mr.Green in the street. 我们经常在街上遇到格林先生。

ir： birth 出生　birthday 生日　dirt 灰尘　dirty 脏的　first 第一

shirt 衬衫　third 第三　thirty 三十　skirt 短裙　girl 女孩

bird 小鸟　T-shirt T 恤　thirteen 十三　firm 公司

circle 圆圈　sir 先生　thirsty 口渴的

er： her 她的　hers 她的　German 德国的　person 人

serve 服务　service 服务　certainly 一定；当然

2./ɜ:/

or在w后读/ɜ:/： work 工作　worker 工人　worth 值得　word 词

world 世界　worse 较坏的　worst 最坏的

ur： nurse 护士　hurt 伤害　fur 皮毛　burn 烧　curb 镶边

turn 变成　Thursday 星期四

ear： early 早的　learn 学习　earth 土地　earn 赚

our： journey 旅行

短语、句子练习：

1）turn red 变红

2）at first 最初

3）on earth 究竟

4）be at work 在工作

5）learn the list of words 记单词表

6）dirty shirt 脏衬衫

7）burst into tears 突然大哭

8）early in the morning 大清早

9）first person 第一人称

10）journey time 行程时间

11）First come, first serve. 先到先得。

12）The early bird catches the worm. 早起的鸟儿有虫吃。

13）Her face turned red with anger. 她气得脸都变红了。

14）I earn my living by working as a nurse. 我以做护士为业/谋生。

15）Herbert didn't hurt you on purpose. 赫伯特不是故意伤害你的。

16）My shirt is dirty. 我的衬衫脏了。

17）I work as a nurse. 我是护士。

18）I work for a German firm. 我为一家德国公司工作。

19）Do you know that girl in pink skirt? 你认识那个穿粉色裙子的女孩吗？

20）Yes, she is a nurse and working in Germany. 认识，她是护士，在德国工作。

21）The spilled coffee made my shirt dirty. 溢出来的咖啡弄脏了我的衬衣。

22）I bought a purse and a fur coat last Thursday. 上周四我买了一个钱包和一件皮大衣。

23）Which shirt is hers? 哪一件衬衫是她的？

3./ə/
er在结尾：letter 信　water 水　teacher 老师　worker 工人
mother 妈妈　father 爸爸　driver 司机
sister 姐妹　brother 兄弟　farmer 农民
cleaner 清洁工　other 其他的

our：colour 颜色
What colour is it? It is red. /It's a red car.
它是什么颜色？它是红色。/它是一辆红色的小汽车。

or：doctor 医生　visitor 参观者　author 作者　actor 男演员

ar：sugar 糖　collar 衣领　dollar 美元

ur：Saturday 周六　surprise 吃惊的

4./ə/
a弱读：about 关于　China 中国　husband 丈夫
along 沿着　library 图书馆

o弱读：carrot 胡萝卜　parrot 鹦鹉　police 警察　today 今天
second 第二　tomorrow 明天

u弱读：success 成功　support 支持　August 八月

短语、句子练习：

1）number ten　十号

2）on Saturday　在周六

3）post a letter　寄封信

4）from cover to cover　从封面到封底

5）later on　稍后

6）see a doctor　看医生

7）brother and sister　兄弟姐妹

8）in danger　在危险中

9）It's much colder than yesterday.　比昨天冷多了。

10）Finders keepers.　谁捡到就是谁的。

5.[ʊ]

u：put 放　sugar 糖　push 推　bush 矮树丛

u在ll前：pull 拉　full 满　bull 牛

o在w后：wolf 狼　woman 女人

oo：book 书　cook 厨师　good 好　look 看　foot 脚
hood 头巾　hook 吊钩　wood 木头　brook 容忍
crook 弯曲　stood 站（过去式）　took 拿（过去式）

ould：could 能（过去式）　should 应该　would 将会

短语、句子练习：

1）on foot　步行

2）in the woods　在森林里

3）full of books　充满书

4）a cookbook　一本烹饪书

5）put in some sugar　放一些糖

6）a good looking woman　一个漂亮的女人

7）A good book is a good friend.　好书如挚友。

8）A good beginning makes a good ending.　善始者善终。

9）The cook is looking for some sugar. 厨师正在找糖。

10）He took two sugars in his coffee. 他在咖啡里放了两块糖。

11）Could I book a room? 我可以订一个房间吗?

12）Don't look outside the room. You should read your books carefully. 不要向屋外看，你要认真看书。

13）The woman wants to buy some good sugar. 这位女士想买一些优质糖。

14) They are playing football at the foot of the hill. 他们在山脚下踢足球。

15) Where is the cookbook? 食谱在哪里?

16) Books and friends should be few but good. 读书如交友，宜少且好。

17) Would you help me find my son? 你能帮助我找到我的儿子吗?

18）I would if could. 如果有可能我定会做的。

19）Could I book room? 我能订一个房间吗?

6.[u:]
- o在wh后：who 谁　whose 谁的　whom 谁（宾格）
- o：do 做　two 二　move 移动　lose 丢了
- oo：tool 工具　food 食物　tooth 牙齿　school 学校　cool 凉　too 也　moon 月亮
- oe：shoe 鞋　canoe 独木舟
- u：rule 规则　June 六月　rude 粗鲁的　truth 真相　July 七月　ruler 尺子
- ou：you 你　soup 汤　group 团体　routine 日常事务　through 通过
- ui：fruit 水果　juice 果汁　suit 适合
- ue：blue 蓝色　clue 线索　true 真的

短语、句子练习：

1）a glass of juice 一杯果汁

2）in June 在六月

3）blue moon 稀有的事

4）in the soup 陷于困境

5）food and drink 食物和饮料

6）the school rules 学校规则

7）fruit dish 水果盘

8）soup spoon 汤匙

9）fast food 快餐

10）Four eyes see more than two. 三个臭皮匠，胜过一个诸葛亮。

11）Too-too will in two. 过分亲密会吵嘴。

7.[ʌ]

u 在闭音节发[ʌ]：up 向上　hut 向上　fun 茅草屋　supper 趣事　butter 晚餐　cut 切　run 跑　mud 泥浆　just 刚刚　hurry 赶快　tub 浴盆　mum 妈妈　much 许多　lunch 午餐　duck 鸭子　suffer 遭受痛苦　bus 公共汽车　truck 卡车　brush 刷子　husband 丈夫　club 俱乐部

o 在m、n、v、th、l 前发[ʌ]：mother 妈妈　love 爱　money 钱　color 颜色　none 一个也没有　London 伦敦　come 来　some 一些

ou：couple 夫妻　double 双的　enough 足够　young 年轻的　cousin 堂兄妹　country 国家

短语、句子练习：

1）much money 许多钱

2）a lot of fun 很多的乐趣

3）lunch and supper 午餐和晚餐

4）love the ducks 喜欢这些鸭子

5）in trouble 遇到麻烦

6）just bread and butter 只有面包和黄油

7）much trouble 许多麻烦

8）She loves her mum very much. 她非常爱她的妈妈。

9）How lovely! 真可爱！

10）She lives in a hut. 她住在一间茅草屋里。

11）Love me, love my dog. 爱屋及乌。

12）Her husband is in the bucks. 她的丈夫很有钱。

绕口令：

1）My brother needs some money to buy some honey. 我的哥哥需要点钱去买点蜂蜜。

2）Double bubble gum doubles bubble. 双层的泡泡糖能吹出双层的泡泡。

3）None of the above is eaten by my lonely dove. 以上没有一样是被我可爱的鸽子吃的。

8.[a:]

a在st或ss前：fast 快　last 最后的　pass 传递　class 班
classroom 教室　past 过　classmate 同学
glass 玻璃杯　glasses 眼镜　mask 面具
task 任务　vase 花瓶

ar：farm 农场　farmer 农民　arm 胳膊　far 远的　park 公园
garden 花园　mark 分数　market 市场　start 开始
dark 黑暗　Mark 马克　sharp 锋利的　barking 叫唤
jar 坛子　smart 精明的　car 小汽车　yard 院子
party 聚会　army 军队

a 在f、th 前：father 爸爸　after 在……之后　bath 洗浴

al：half 一半　calm 平静的　palm 手掌

au：laugh 笑　aunt 姑妈

ear：heart 心

短语、句子练习：

1）take a bath 洗澡

2）ask and answer 问答

3）laugh at 嘲笑

4）first class　头等舱

5）new year card　贺年卡

6）in the past　在过去

7）arm in arm　手挽手

8）calm down　平静下来

9）Far from eyes, far from heart.　眼不见心不烦。

10）A farmer is on the dark farm.　一位农夫在漆黑的农场上。

11）A jar is in the yard.　一个罐子在院子里。

比较[a：]和[ʌ]：

1）hard luck　不幸

2）start up　发动

3）heart trouble　心脏病

4）the last bus　末班车

5）the upper arm　上臂

6）Mask and vast are in the garden.　面具和花瓶在花园里。

7）Like father,like son.　有其父必有其子。

8）Nothing is too difficult if you put your heart into it. 世上无难事，只怕有心人。

9.[əʊ]

o：　home 家　go 去　so 因此　no 不

oa：　boat 船　goat 山羊　road 道路　coat 外套　soap 肥皂

oe：　toe 脚趾　hoe 锄头

ou：　shoulder 肩膀

ow：　snow 雪　know 知道　low 低的　throw 扔　slow 慢　tomorrow 明天　below 在……下

ough：though 虽然　although 虽然，尽管

o在ld、st 前发[əʊ]：old 老的　cold 冷的　most 大多数
　　　　　　　　　　　　lost 丢　told 告诉

短语、句子练习：

1）go home 回家

2）old photo 旧照片

3）close the window 关窗

4）row a boat 划船

5）know the ropes 知道内情

6）take notes 做笔记

7）No smoking! 禁止吸烟!

8）Joe felt cold, so he closed the window. 乔觉得冷，所以他关上了窗户。

9）I borrowed a yellow coat from Jones. 我向琼斯借了一件黄色的外套。

10）The old man lives alone. 这位老人独自一人生活。

10.[aʊ]

ou: out 外面的　loud 大声的　house 屋子　south 南方的
round 圆的　proud 骄傲的　sound 声音　without 没有
cloud 云　about 大约　ground 地面　mountain 大山

ow: now 现在　how 怎样　down 下面　town 城镇　flower 花
power 权力　crowd 人群　allow 允许

our: hour 小时　our 我们的　sour 酸的　flour 面粉

短语、句子练习：

1）right now 立刻

2）shout out 大叫

3）flower show 花展

4）down south 南下

5）how about 怎么样

6）Out of sight, out of mind. 眼不见，心不动。

11.[aɪ]
i在ld、nd 前：find 发现　child 小孩　kind 和蔼的
behind 在……后面

y 在结尾：fly 飞　cry 哭　by 在……旁边　dye 染料
eye 眼睛

igh：sigh 视力　bright 明亮的　right 正确的/右边　light 轻的
night 晚上　high 高的　tight 紧身的

ie：　lie 躺　tie 系　die 死

uy：buy 买　guy 家伙　quite 安静的　lion 狮子

eigh：height 高度

12.[ɔɪ]
oy（词尾）：boy 男孩　joy 高兴　soy 酱油　enjoy 享受
annoy 使苦恼

oi（词中）：oil 油　coin 硬币　noise 噪声　boil 沸腾
choice 选择　soil 土壤　join 参加

短语、句子练习：

1）a toy dog 玩具狗

2）make a choice 做选择

3）a spoiled boy 被宠坏的男孩

4）enjoy oneself 过得愉快

5）voice mail 语音邮件

6）A boy is riding a red bike in the town. 一个男孩在城镇里骑着一辆红色自行车。

7）It's five to five.差五分钟五点。（to：差几分几点；past：几点过几分）

8）Time flies. 光阴似箭。

9）A noise annoys an oyster，but a noisy annoys an oyster more.

一个响声惹怒了一只牡蛎，而一个喧闹的噪声更让一只牡蛎觉得厌烦。

10）How much oil boil can a gum boil boil if a gum boil can boil oil?

如果橡胶罐能够把油煮开的话，它能煮开多少油呢？

11）Old oily Ollie oils old lily autos. 油腔滑调的老奥利给老油车上油。

12）Does Roy enjoy playing with toys? 罗伊喜欢玩玩具吗？

13./r/

r: rat 老鼠　read 读　ready 有准备的　breakfast 早餐　bread 面包　from 来自　race 赛跑　red 红色　fruit 水果　Friday 周五　grandmother 祖母

rr: sorry 对不起的　carry 携带　borrow 借　arrive 到达　marry 结婚

wr: wrong 错误的　write 写　wrist 手腕　wrap 包装

短语、句子练习：

1）a red rose 红玫瑰

2）relay race 接力赛跑

3）get rid of 除去

4）Rest breads rust. 脑子不用就失灵。

5）Every morning granny prepares breakfast for me. When the breakfast is ready, she'll call me. I like best to eat bread and butter. 每天早晨，奶奶为我准备早餐。当早餐做好了，她就叫我。我最喜欢吃黄油面包。

绕口令：

Robert is rolling a red rock. 罗伯特在转动一块红色的石头。

14.[n]

n: no 不　name 名字　need 需要　nine 九　rain 雨　town 城镇　learn 学习　kind　winter 冬天　finish 结束

kn：在单词开头：know 知道　knife 小刀　knowledge 知识

短语、句子练习：

1）the whole night 一整夜

2）hand in hand 手拉手

3）He, who has an art, has everywhere a part. 一招鲜，吃遍天。

4）This is Henry's handbook. 这是亨利的手册。

5）Henry felt happy to be going home. 亨利为即将回家感到高兴。

6）Is this Henry's hat？这是亨利的帽子吗？

7）No, Henry's hat is on his head. It's Helen's. 不是，亨利的帽子在他头上，这是海伦的。

15.[tʃ]
ch：each 每一个　much 很多　lunch 午餐　French 法国
　　chair 子　church 教堂　chat 聊天　China 中国
tch：catch 抓住　watch 手表　fetch 取来　match 比赛
ture[tʃə]：nature 自然　picture 图画　future 未来　lecture 讲座

短语、句子练习：

1）very much 非常

2）chat with 与……聊天

3）Chinese culture 中国文化

4）watch a match 观看比赛

5）go to church 去教堂

6）check up 检查

7）catch a fire 着火

8）Can you play chess? 你会下国际象棋吗？

9）No,but I can play Chinese chess. 不，但我会下中国象棋。

10）I like this watch, how much is it? 我喜欢这只手表，它多少钱？

11）Draw a picture of a chicken in the kitchen. 在厨房里画了一只鸡。

12）Cherry's cheap chili chip shop sells Cherry's cheap chips.
谢丽的便宜辣椒薯片店卖谢丽的便宜薯片。

16.[dʒ]

g在e前：age 年龄　large 大的　danger 危险　wage 工资
　　　　page 页　cage 笼子

j：　jeep 吉普车　joke 笑话　jump 跳　job 工作　Jack 杰克
　　jeans 牛仔裤

dge：bridge 桥　edge 边缘　knowledge 知识

gg：　suggest 建议

di：　soldier 士兵

短语、句子练习：

1）traffic jam　交通堵塞

2）in danger　处在危险中

3）jump for joy　高兴至极

4）Jack's jacket is too large.　杰克的夹克太大了。

第二章
阅读教学策略

第一节 六年级课外故事阅读的准备与实施策略[①]

2000年后出生的一代，必须具备较高的素养才能适应社会的快速发展，阅读是提升他们素养的重要手段。信息的接受与处理能力、思维的创新与创作能力，都是在系列的阅读、不断的实践中养成的。阅读作为语言学习的主要输入方式，是人们获取信息、进行学习或娱乐的最基本途径。

六年级学生，从小学一年级开始接触英语，已经掌握500个左右基础词汇，并具备初步的英语阅读能力，而且故事阅读也是本年龄段学生乐做的事情。为此，我们选择课外故事阅读作为校本课程，旨在促进学生阅读素养的提升。首先，我们通过调查了解学生英语阅读现状和学生喜欢的阅读方式，展开系列阅读与展示活动。开设此阅读课程，目的在于开阔学生视野，丰富学科内容，提供口语表达素材，探讨六年级课外故事阅读的实施策略。

一、筛选阅读材料与初步阅读

开学初，通过与学生交谈得知，一至五年级学生学习北京出版社英语教材，阅读材料就是该教材"Story time"版块中的小故事。阅读内容较少，而且主要是教师引领阅读，阅读后完成课后练习。学生对读过的故事印象不深，对英语阅读感到困惑，生词多且练习题没趣。

针对现状，我们从网上选择了阅读材料《轻松英语名作欣赏》《书虫》和《典范英语》放到班级的书架上，课下由学生选择阅读。两周后我们再次与学生研讨，确定了重点阅读书目《轻松英语名作欣赏》第一集和第二集，并提

[①] 本文在燕山地区举办的英语学科论文评选中获一等奖，在"中国梦·全国优秀教育教学论文评选大赛"中获一等奖。

出了阅读要求：①一个月内完成阅读10个故事；②整理自己学到的新词，不少于20个；③选择其中一个故事讲给其他同学听。

二、阅读习惯调查与分析

（一）调查过程

1. 调查对象

根据研究需要，我们把新初一（五四学制，也就是六年级）学生作为调查对象。

2. 调查问卷

本次调查以问卷为主，访谈为辅。问卷主要涉及几个方面：学生对英语故事阅读的兴趣及目前的阅读方法，学生期望教师给予哪些帮助和支持。为了使调查更有说服力和更有利于调整教学方法，调查前教师精心筛选了名著欣赏作品给学生阅读，调查问卷同时涉及学生读过的内容。访谈主要是了解学生乐意阅读哪些方面的作品、期望的收获是什么等等。调查问卷见附录。

附录：

六年级学生英语故事阅读调查问卷

同学们，大家好：

前段时间，老师要求你们阅读《轻松英语名作欣赏》第一集和第二集，想必大家都已经阅读完。今天，就大家的阅读情况和收获做一下调查，调查只作为老师今后教学的参考，不计入同学们的学习成绩，所以请大家如实填写。谢谢同学们的真心合作。

1. 你的性别是：男生（　　）女生（　　）

2. 你的年龄是：11岁（　　）　　　12岁（　　）　　　13岁（　　）

3. 你喜欢阅读英语故事吗？（　　）

A. 非常喜欢　　　　B. 还可以　　　　C. 不太喜欢　　　D. 一点儿也不喜欢

4. 你喜欢哪种阅读英语故事的方式？可多选。(　　)

A. 自己独自阅读　　　　　　　　　B. 与好朋友一起阅读

C. 课上与同学互动学习　　　　　　D. 读故事与家长一起分享

E. 按老师安排阅读　　　　　　　　F. 看短剧电影

G. 其他方式：_____

5. 你认为哪种活动方式更有利于你学习英语？可多选。(　　)

A. 边读边记住里面的生词　　　　　B. 边读边做故事里的练习题

C. 读完故事试着英语复述　　　　　D. 与同学一起就故事情境对话

E. 课堂就故事进行知识竞赛　　　　F. 讲故事竞赛

G. 故事剧表演　　　　　　　　　　H. 模仿朗读

I. 其他方式：_____

6. 你希望老师在日常的英语课上_____（可多选）。

A. 多讲英语语言知识　　　　　　　B. 多组织同学情境对话

C. 多让同学讲英语故事　　　　　　D. 多组织竞赛活动

E. 多看英语电影　　　　　　　　　F. 多听英文歌曲

G. 其他活动：_____

7. 你觉得最近的英语故事阅读对你的英语学习有帮助吗？(　　)

A. 帮助很大　　　B. 有些帮助　　　C. 没有作用　　　D. 耽误时间

8. 在你读过的故事中你最喜欢哪几个故事？可多选 (　　)

A. Snow White　　　　　　　　　　B. Robin Hood

C. Pinocchio　　　　　　　　　　　D. Aladdin and the Magic Lamp

E. Puss in Boots　　　　　　　　　F. The Little Match Girl

G. The Ugly Duckling　　　　　　　H. Peter Pan

I. Cinderella　　　　　　　　　　　J. Hansel and Gretel

9. 你知道下面几个人物出自哪几个故事吗？

The puppet master (　　　　　　　　　　　　　　)

The Seven Dwarves (　　　　　　　　　　　　　　)

Ella (　　　　　　　　　　)

Swan （   ）

10.你知道下列这些英语单词的意思吗？在英文旁边填写恰当的中文。

吼叫　出现　沼泽　最后　海鸥　鹦鹉　四轮　大马车　啄木鸟

大声说　咆哮　天鹅　梳子　猎人　照耀　宫殿　消失　丝带紧　云雀

appear （   ）　woodpecker （   ）　coach （   ）

gull（   ）　marsh （   ）　growl （   ）

pond （   ）　swan （   ）　shine （   ）

palace （   ）　finally （   ）　disappear （   ）

hunter （   ）　shout （   ）　ribbon （   ）

tight （   ）　comb （   ）　skylark（   ）

parrot（   ）

11.请你就故事阅读提些建议好吗？

_____

_____

谢谢同学们的配合！

3.发放问卷

本次调查采用无记名方式，要求学生独立、客观地答题，表达最真实的想法和意愿。

（二）调查结果与分析

本调查共发问卷135份，实际收回有效卷129份，回收率为95.5%。其中男生64人，女生65人，93%的学生年龄为12岁。

调查数据统计：非常喜欢和比较喜欢阅读英语故事的学生108人，占总人数的83%。他们认为英语故事阅读对英语学习有很大帮助和有帮助的122人，占总人数95%。学生喜欢的阅读方式依次是：①看短剧电影；②与好朋友一起阅读；③课上与同学互动学习；④自己独自阅读；⑤读故事与家长一起分享。绝大多数学生认为以下活动更有利于他们的英语学习：①与同学一起就故事情境对话；②故事剧表演；③模仿朗读；④边读边记住里面的生词。同学们都希望教师在英语课上多组织他们看英语电影、听英文歌曲、进行情境对话。

从以上数据分析，可以看到：学生的阅读兴趣与其年龄特点相符合，他们喜欢有情节的经典故事，看重阅读过程中的快感体验；他们喜欢与朋友、家长分享阅读的收获；他们喜欢看短剧、电影，喜欢配音、听歌曲，不同感官的刺激带给他们不同的感受；他们好表现，希望教师经常组织讲演、自编短剧等活动；他们不喜欢语法讲解和阅读练习课，不喜欢背课文、抄写等作业活动（见图2-1）。

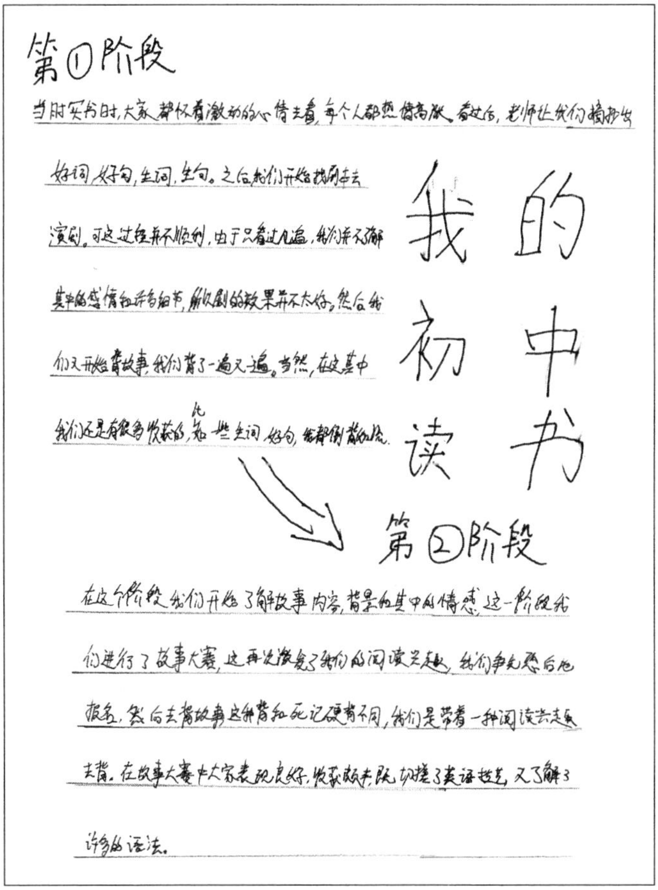
我的初中读书

第①阶段

当时买书时，大家都怀着激动的心情去看，每个人都热情高涨。看过后，老师让我们摘抄出好词，好句，生词，生句。之后我们开始找剧本去演剧。可这过程并不顺利，由于只看过几遍，我们并不了解其中的感情和许多细节，所以剧的效果并不太好。然后我们又开始背故事，我们背了一遍又一遍。当然，在这其中我们还是有很多收获的，知一些生词，好句，能都倒背如流。

第②阶段

在这个阶段我们开始了解故事内容，背景和其中的情感。这一阶段我们进行了故事大赛，这再次激发了我们的阅读兴趣，我们争先恐后地报名，然后去背故事。这种背和死记硬背不同，我们是带着一种阅读兴趣去背。在故事大赛中大家表现良好，收获颇丰，既提高了英语技能，又了解了许多的语法。

图2-1　学生读书有感

调查问卷中还包括：你最喜欢的英语故事是什么？故事主人公出自哪一个故事？你知道下列英语单词的意思吗？调查结果表明大多数学生能够记住故事的名字和主人公，但对一些关键词掌握并不乐观。

三、讲故事，激兴趣，现问题

为了发现学生阅读中存在的问题，使阅读落到实处，在学生阅读《轻松英语名作欣赏》第一集和第二集的10个故事之后，我们开展了讲故事活动。主要形式有：①每天课前5分钟，2名同学讲，其他同学听；②利用班会活动讲故事，安排5名同学讲，其他同学通过表格评价；③课外活动时间，组织其余学生完成故事演讲。

另外，在学生讲故事之前，我们也提出一些具体要求：①从所读过的故事中，选择你最喜欢的故事讲出来；②可以选择媒体、图画、道具、服装等辅助自己讲故事；③也可以邀请好朋友帮助自己讲故事。学生们还自制了比赛评价表，主要是用于选出优秀选手，组织年级故事演讲比赛。

2016年10月18日，由学生主持、部分优秀学生参加的英语故事演讲得到全体同学的认可。活动结束后，同学们的体会是：①全体学生参与海选，我们都有了参与的机会，讲出了自己喜欢的故事；②学生自己主持比赛，同学互助制作PPT，播放PPT，同学们有了不同的锻炼机会，非常乐意参与这样的活动；③在参与讲演和评价的过程中，不再畏惧英语，因为他们喜欢这些故事。作为英语学科教师，通过故事演讲，我们发现了学生阅读和运用英语时存在的问题，同时也思考今后教学的方向。学生的主要问题及反思如下。

1. 单词发音不准，语调不流畅

学生模仿光盘中的语音、语调，很多单词发音不够准确，影响表达效果。单词读音应该强化，特别是读音规则渗透教学始终。

2. 故事演讲内容单一

一是学生背诵故事痕迹严重，没有拓展和延伸；二是同一个故事，多数同学在讲，所以整体演讲内容单一。教师事先应该了解学生演讲内容，做好语言指导和内容调整。

3.学生演讲技能、PPT制作和播放技术欠佳

六年级学生对演讲、电脑非常感兴趣，教师的适时引导，学科教师间合作，都会达到事半功倍的效果。

4.评价表不合理

评价内容有待商榷，分值不合理，造成演讲目的性不强，没有侧重点。教师应提升科研意识和技能，以便对学生进行更加规范的指导。

四、教学启示与指导策略

在课外阅读中，学生具有主体地位和主动接受的权利。作为读者，他们应该是主动的、开放的、创造性的接受者。也正是这样，学生完全出于自愿，不勉强，抛开利害关系去阅读这些优秀书籍，极大地提高了阅读的积极性，鉴赏水平和接受能力，使他们逐渐养成爱读书的习惯。前期的阅读和演讲暴露了学生英语学习存在的问题，调查问卷又了解了学生的实际需求，我们对之后的指导进行了调整。

（一）运用"盒子鱼"英语软件，建立班级互动群，进行配音训练

"盒子鱼"英语软件里面课程种类多，形式新奇有趣，并有丰富的视频资源。通过海量图像声音的结合来表达语言，通过人机互动来操练语言，学生边玩边学，可以调动他们学习的主动性。另外，他们可以通过跟读模仿赚取金币，像游戏通关一样，积攒足够的金币换取外教课。在班级互动群里，学生互相借鉴经验，聆听同学的配音练习并互相点评，教师适时给学生推荐课程并提出指导性建议，学生非常乐意接受。"盒子鱼"英语软件的应用，使得不同层次的学生均有不同所得，优秀学生广泛涉猎课外知识，薄弱学生反复练习，夯实了基础（见图2-2、图2-3）。

盒子鱼感受

自从在风雨操场第一次认识盒鱼到现在练习的非常熟练，中间竟然只隔了不到一个月。是什么让我这么熟练呢？原来，是因为盒子鱼的教学习法不一样。

我们班的所有人在很短的时间内，达到好几万，我感到大家对盒子鱼的热情热度很高。所以，我也要加油了！

在这几天里，我发现盒子鱼的课，都是把老师没讲的讲了，所以做题得到更多知识，增加词汇量。我感觉盒子鱼还是挺好的，应多做。

图2-2　学生运用"盒子鱼"的感受

注：本图中"练习的非常熟练"一句中"的"字为学生的错别字，正确的应该是"得"。

我们每天下学到家，第一件事就是拿起手机点开微信给雷老师录英语。虽然最开始我一听到说要录音就感觉"唉怎么要录音？"我最怕的就是录了还说必须在群里发，不要私发心想"啊！本来录的就不好，这次就完了，要是录出去之后是不通顺的，不流畅的，全班同学听着还好，还有全班同学的家长还有我的家长心里不免会有一些担心紧张。可是，老师的话谁敢不听呢？最后还是用手机录了一段给老师，发了之后觉得在群里发录音也没有那么可怕。

我们从开学到现在，已经快一个半月了，在班主任雷老师的鼓厉下，我们一直坚持每天晚上回家第一件事给老师发录音。老师也是一样甚至比我们录音还累。最开始，我们每个人也就录4段，现在一条又一条，手机一声接一声地响。每个人从4段，渐渐变成了8段，12段，每天都要录音，一个班有37人，请大家仔细想，准确地算一算全班37个人，一人录4段，一个人录8段，老师会收到多少段录音，老师还要一个个听，一个个给评语，要非常累的。

图2-3　学生录音的感受

注：本图中倒数第8行第三个字为别字，正确的应为"励"；最后一句的"要"字使用不当，应为"是"。

（二）赏文学作品，开展语文、英语同读一本书活动

德国文学理论家沃尔夫冈·伊瑟尔将现象学作为其接受理论的基础，提出文学作品作为审美对象，是在读者的阅读过程中被构建起来的。他认为"文学作品在被作者创作之后只是一个物理层面上的印刷品，只有在读者的阅读过程中才能实现自身的意义，才是真正意义上的文学作品。"伊瑟尔通过强调文本与读者互动的重要性，使读者成为文学作品的一个不可或缺的组成部分，进而提出了"文本与读者的相会"这一核心理念。基于此，我们开展语文、英语同读一本书活动，帮助学生欣赏文学作品。我们的学生读了《鲁滨孙漂流记》和《汤姆·索亚历险记》，图2-4是学生的读书成果，可以看出，学生的成果虽然还很幼稚，但我们毕竟已经开始尝试了，学生喜欢这样的作业形式。

from the book?(读整本书的感受和收获)	I feel he is very brave." I want to learn his brave.
My comment (自我评价)	内容非常易懂。
My parents' comment （家长评价）	鲁滨逊不听教人劝阻，执意去远航，吃了许多苦甚至做了奴隶。"学习认真，也能坚持，就会克服各种困难
The teacher's comment （教师评价）	

图2-4　学生读书的成果

注：原件残缺并有别字，此图"鲁滨逊"应为"鲁滨孙"，最后一句应为"就会克服这种困难"。

　　学生每天晚上阅读名著的一章，抄写新词和短语及优美句子。同时，我们充分发挥美术班的特长，让学生把每章的内容画出来，并配上简练的句子（见图2-5～2-7）。刚开始布置作业的时候，只是想加强学生对文本的理解，但是看到学生的作品之后，我们感到特别惊讶，学生的作品给我们很大的惊喜，使我们感受到永远不要低估学生的潜力，他们的潜力是无限的，我们应该通过各种方式，充分发挥他们的潜力。在激发学生潜力的同时，将学生的兴趣也激发出来。

图2-5　学生描述《鲁滨孙漂流记》第四章内容的绘画

第五章
Leaning
to
live
alone

I kept food and tools at both my houses, and I also wild goats. There were many goats on the island, and I made fields with high fences to keep them in

注："and also wild goats"语法有误，应为"I also hunted wild goats"。

图2-6 学生描述《鲁滨孙漂流记》第五章内容的绘画

第七章
Man
Friday

He was a fine young man, about twenty-five years old, tall and well-built, with a kind face and a nice smile. He had brown skin, black hair, bright eyes and strong white teeth. I decided to give him the name of 'Man Friday', because I first saw him on a Friday.

图2-7 学生描述《鲁滨孙漂流记》第七章内容的绘画

（三）自编、自导英语短剧，组织学期英语节

阅读本来是一件愉快的事情，如何把快乐落实，把飞扬的知识变成交际语言？细读故事，做好阅读笔记，读后自编、自导英语短剧是极好的落实方法。我们从《牛津阅读树》（*Oxford Reading Tree*）中，挑选适合学生摘录故事要点的画树、图表，帮助学生整理阅读笔记。大部分学生参加我校美术特长班，他们把写阅读笔记当作是自己提高绘画、英语的好机会，觉得这样的英语学习是"Reading for Fun！"（阅读的乐趣！）之后，学生根据故事情节和自己对故事的理解，自编、自导英语短剧。学期末的英语节活动，我们开展了故事演讲、学生自制英语绘本读物展示、英语短剧表演等。

德国文艺理论家汉斯·罗伯特·尧斯的"接受美学"理论提出"前理解"观点，学生的"前理解"水平不同，阅读爱好也就不同，接受美学理论为我们理解作者、读者、文本三者之间的关系提供了一个新的视角：作家写了什么并不是最重要的，关键是读者从文本中发现了什么，"读者的参与才使得一个文本变成了作品。在"接受美学"看来，作品的意义来源于两个方面：一是文本本身，一是读者赋予。一部文学作品并不是一个自身独立、向每一时代的读者均提供同样观点的客体。"因此，作为教师的我们，期待看到"00后"一代对这些优秀文学作品的观点。我们要通过系列阅读活动，给学生更大的空间、更多的时间，让他们自觉养成良好的阅读习惯，大胆表达个人观点。只有这样，教师才能发挥其应有的作用。

第二节　CLIL教学理念下的英语课外阅读研究[①]

初中英语课标英语阅读五级要求学生能根据上下文和构词法推断、理解生词的含义，能理解段落中各句子之间的逻辑关系，能读懂相应水平的常见体裁的读物。课标要求教师要通过创设接近实际生活的各种语境，采用循序

---

① 本文获北京市第六届"智慧教师"教育教学研究成果二等奖。

渐进的语言实践活动，以及各种强调过程与结果并重的教学途径和方法，如任务型语言教学途径等，培养学生用英语做事情的能力。针对学生的这种特点，我们采用各种CLIL（content and language integrated learning）活动，提高学生学习英语的积极性。

一、CLIL的定义及原则

CLIL是指内容与语言整合性学习，将英语作为教学语言来讲授数学、地理等非语言类课程，是近年来欧洲流行的教学方法。

CLIL教学方法与传统的英语教学方法相比，更加关注学生的集体合作，学生与他人的交际活动，通过创造真实的语境，提出更多引发学生深度思考的问题，提高学生的核心素养，真正做到了以学生为中心。

英国教育学家多·科伊尔（Do Coyle）提出了CLIL的4C原则，即内容（content）、认知（cognition）、交际（communication）、文化（culture）。

内容：CLIL教学法的核心是内容学习和构建知识体系。强调的是用另一种语言来讲授专业课程。

认知：CLIL课堂的学科内容对学习者构成认知的挑战，促进认知能力和语言能力之间的互动和转化。

交际：CLIL教学法强调的是在课堂中教师与学生及学生与学生的交际，语言是学生交际的工具。

文化：在课堂上，学生能够从跨文化的视角，理解文化的差异，培养学生的跨文化意识。

二、CLIL应用于英语课外故事阅读教学

（一）SWOT及KWL方法确定筛选阅读材料与初步阅读

开学初，我们通过SWOT（strengths、weakness、opportunities、threats）分析方法及KWL（know、want、learn）方法对学生进行了调查。SWOT分析法是用来确定企业自身的竞争优势、竞争劣势、机会和威胁，从而将公司的

战略与公司内部资源、外部环境有机地结合起来的一种科学的分析方法。我们将SWOT分析法引入我们的英语教学中，学生通过回答关于阅读优势、劣势、机会及威胁的问题，教师能够指导学生调整阅读材料的选择，更利于学生阅读水平的提高及兴趣的培养。

英语阅读中的SWOT分析：

strengths(helpful，internal):What skills do I know about reading?

weakness(harmful，internal): What problems do I have while reading?

opportunities(helpful，external): What opportunities do I have?

threats(harmful，external): What threats may affect my reading?

KWL策略是在20世纪80年代提出的，也是当前美国在阅读课堂上广泛使用的导读策略。KWL过程反映了语言习得的基本认知过程，在阅读之前学生需要完成know、want两栏的内容，即学生对需要阅读的书目有多少了解？还有什么特别想要了解的。其次，学生根据读完阅读书目之后的所得如词汇所得，句子所得及情感所得，完成learned。通过KWL方法，能使学生在阅读的过程中关注自己已经知道的、想知道的和新学习到的知识，提高学习的自主性。

（二）TPS

TPS（think，pair and share）是国外流行的一种课堂上当教师提问或教师给出任务时激发全员学生（无论好中差学生）积极参与思维的一种有效的教学方法。在英语课外故事阅读的词汇教学中，我们也采用了此种方法，首先学生分成两组，每个同学会收到一张小纸条，有的同学收到的是图片，另外的同学收到的是图片对应的单词（见图2-8），学生需要在短时间内进行图文匹配，形成新的搭档，最先完成任务的同学获胜。此种学习方法激发了学生的同伴合作意识及学习的热情。

	farm		straw
	saddle		pipe
	carriage		fire
	bridge		vet

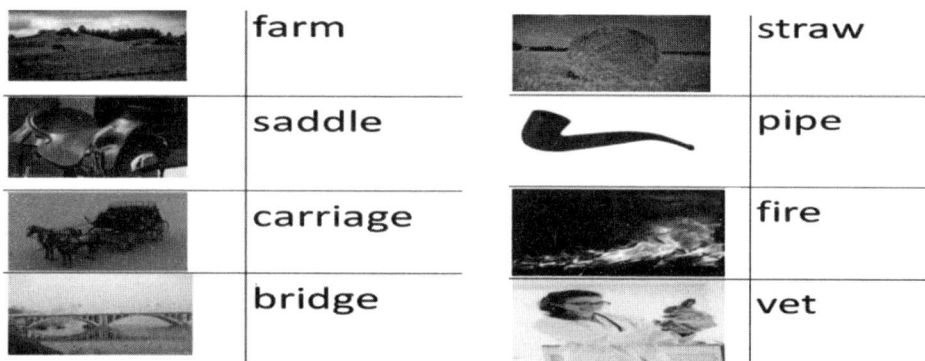

图2-8 同学们收到的图片及对应的单词

（三）skinny & fat questions

教师对学生提问的问题可以分为两种：skinny question和fat question。skinny question发展的是低级思维能力（LOTS），是指学生不要经过太多的思考，直接在书上能找到答案的问题，主要考查学生的记忆、理解和运用的能力，如：How many planets are there in the Solar System?

fat question发展的是高级思维能力（HOTS），是指学生需要经过思考，来表达对某个观点的看法，主要是发展学生的分析、评价及创新的能力。这种问题能更好地启发学生思维，如：How does the average temperature change during a typical year in Madrid? 作为教师，在我们的阅读训练活动中，我们不仅需要skinny question，培养学生的低级思维能力，检测学生对英语单词的掌握程度及阅读文本的理解能力。我们还需要提问fat question，发展学生的高级思维能力。因此，在《鲁滨孙漂流记》中，我们在最后设计了如下几个问题。

①Draw a mind map of Robinson's life on the island.

②What do you think of Robinson Crusoe's journey?

③What will you do on the island if you are on the island alone?

通过画思维导图，学生可以对整本书的故事情节进行梳理。通过"What

do you think of Robinson Crusoe's journey?" 这一问题，教师能掌握学生对本篇文章的总体的理解情况，并通过讨论 "What will you do on the island if you are on the island alone?"，培养学生的批判性思维及发散思维。

在信息和互联网高度发达的今天，传统的阅读教学方法已经不能满足学生学习的需要，教师应顺应形势，积极学习先进的理念和技术知识；通过CLIL教学法各种活动，提高学习效率，提升学生学习英语的积极性，在不断的阅读训练中，提升学生的英语核心素养。

第三节　英语教学中注重阅读问题设计的有效性

英语阅读理解在英语教学中有着举足轻重的作用，且阅读能力的培养是语言素养培养的重要手段。所以说阅读问题的设置，在阅读过程中发挥着组织和调控作用，是衡量和促进阅读的重要方式。好的问题能激发学生的阅读兴趣，引领学生积极体验和学习，提高阅读效率。因此，我在教学中极其注重阅读问题设计的有效性。

英语课标中在提到比较复杂的任务型教学中指出：复杂的任务一般分为任务前、任务中和任务后三个阶段。所以我在阅读问题设计时也一直遵循这个理念。把问题设置分三个阶段：阅读前、阅读中和阅读后。层层深入，抽丝剥茧，最终使学生不仅理解了文章表层的东西，更是对文章的主题意义有了深刻的理解，培养学生积极向上的情感态度。现就初二下册书第9课的问题设计的实效性进行一下梳理。

课文背景分析：文章主要讲的是一个身残志坚的男孩詹内克·梅拉（Janek Mela）如何战胜困难，登上南北极的故事。

一、阅读前提问

介绍相关阅读内容的问题和文化背景。在学生阅读课文前，我把南北极的图片先展示给学生，学习了南北极，然后提出问题让学生小组讨论：Is it difficult to go to the Poles?

经过激烈的讨论后，学生的兴趣已被激发。这时候我适时抛出本课主题 Never Give Up 和本课题目 Together to the Poles，又接着出了问题小组讨论：Can you guess what happened?

这个问题引领学生预测课文话题，激活学生大脑中相关的知识，激发学生的阅读愿望。小组讨论的结果是：不是一个人去的南北极，而且他们中间肯定遇到了很多的困难，他们克服了这些困难，最终获得成功。究竟是不是这样的结果呢？带着这些好奇的问题，学生进入正式阅读。

二、阅读中提问

学生能迅速掌握课文中心内容，并进行深层次理解逻辑。在进行这一过程中，我仍然是分两个批次提出问题，第一个批次我给出了简单问题，让学生快速地找出事件发生的时间、事件和感受。学生很快从文章中找出答案。这些问题帮助学生掌握课文的梗概。然后我又抛出了第二批次的问题，共六个问题。

①Why was it the worst day for Janek Mela?

②How did Janek do for Marek Kaminski's request?

③How did Janek prepare for the trips?

④Why did the team have to be careful?

⑤What made the team's expedition to the North Pole more difficult?

⑥Why did Janek become the youngest explorer to the North and South Poles?

这些问题的设置需要学生认真阅读文章才能找到答案，而且要用到教师原来教过的一些技巧。首先，我让学生先自己阅读找到问题的答案，这样才能培养学生的独立思考能力；其次，小组讨论得出答案，这样在讨论的过程中分析判断自己答案的正确性；最后，教师订正并指导得出答案的方法，而且我在给出正确答案的同时还会追加问题，比如第一题后我还会问：Can we change "worst" into "most important, best, hardest"?第三个问题之后追问：Why did the writer use the word "prepare"?在学生回答的基础上，根据实际情况进行追问，促进学生进一步思考。精心设计的问题，能使学生想得深、想得远、想得广，提升学生的思维品质，有效促进学生用英语进行思维的能力，同时进一步提高学生的综合语言运用能力，促进学生可持续发展。

三、阅读后提问

让学生评价阅读内容，拓展对课文话题和中心思想理解的深度和广度。每一课我都会挖掘文章的主题意义，提出问题对学生进行思想教育。比如第9课我让学生深度思考了这两个问题：

Do you want to go to the poles? Why?
Why is the topic "Never Give Up"?

学生思考讨论后给出许多不同的思想：向Janek学习不放弃，挑战困难；做事要学会做准备，打有准备的仗；人生不是一帆风顺的，挫折让人更坚强……听到这些我笑了，孩子在学习的过程中思想品质也得到了提升。

有效地设计阅读问题对于激发学生阅读兴趣，提高学生的阅读能力及提升学生综合语言运用能力，都有着积极的作用，我会在今后的教学中继续提高阅读问题设计的有效性，在教学实践中不断完善。

第四节 六年级英语绘本阅读教学初探

《普通高中英语课程标准》（2017版）提出了英语教学建议，如注意改进教学方式和方法，通过学习理解、应用实践、迁移创新等英语学习活动，引导学生探究意义、学习语言、发展思维、应用策略，培养学生的英语学科核心素养。

"整体外语教育"是指在"落实立德树人根本任务"的总目标下，立足学生全面发展，通过开展外语教育使学生的语言水平、心智水平和人文素养等方面得到整合性的发展与提升。培养新时代思考型、创新型人才，为实现这一目标，外语课程应整体设计，以人文通识内容为依托，使学生在掌握语言、获得知识的同时，思维能力和人文素养也得以协同发展。基于以上指导思想，"英语绘本教学"可以遵循"整进整出"原则，即"整体输入、整体互动、整体输出"，进行课堂教学，落实英语学科核心素养课程目标。

一、开展英语绘本教学的必要性

绘本中精美的图片具有鲜明的色彩，用图画呈现生动的人物或动物形象，能降低阅读的难度，激发学生学习英语的兴趣；绘本的语言有很强的趣味性与可读性，故事性强，且贴近于生活，对学生有很强的吸引力，能将英语知识直观、形象地传递给学生，从而培养其观察能力、理解能力与想象能力。同时英文绘本为学生提供了一个完整的情境，有助于学生理解语言，也有助于学生整体地联想记忆。绘本中语句、单词的重复也能强化学生的语言认知。此外英文绘本的内容覆盖广，涉及主题多，例如人与人的关系、道德教育、生存与死亡等等，绘本作者往往运用丰富多彩的表现形式传达这些主题思想，为学生丰富语言输入提供了较好的途径和媒介。

二、学生英语绘本阅读现状调查分析

（一）调查过程

1. 调查对象

北京市燕山东风中学初一100名学生（五四学制，也就是六年级）。燕山东风中学位于北京的郊区，学生的英语基础薄弱，整体英语水平不高，一至五年级学生学习北京出版社英语教材，阅读材料就是该教材"Story time"版块中的小故事，基本没有课外英语阅读。

2. 调查方式

本次调查以问卷为主，访谈为辅。问卷主要涉及几个方面：①是否喜欢阅读英文绘本？②你喜欢哪种类型的英文绘本？以《给詹姆斯先生的信》和《冰山探奇》为例，你喜欢读哪一本？③你多久阅读一本英文绘本？④希望使用的教学方式有哪些？

3. 发放问卷

本次调查采用无记名方式，要求学生独立、客观地答题，表达最真实的想法和意愿。

（二）调查结果与分析

本调查共发问卷100份，实际收回有效问卷97份，回收率为97%。其中男生58人，女生42人，93%的学生年龄都是12岁。

调查数据统计：非常喜欢和比较喜欢阅读英文绘本的学生92人，占总人数的94.8%。87.6%的学生喜欢阅读故事类英文绘本，其中96.4%女生喜欢读《给詹姆斯先生的信》，92.3%的男生喜欢读《冰山探奇》。学生喜欢的教学方式有：①画思维导图梳理故事内容；②表演英文短剧；③小组合作学习；④趣味英文配音。

从以上数据分析得出：学生阅读过的英文绘本并不多，平均2~3个月读一本，大多数学生喜欢读故事类英文绘本，其中男生相较于女生更喜欢科普类英文绘本。因此，我们在绘本的选择上更倾向于选择故事类，从学生熟悉的话题入手，运用学生喜欢的教学方式，例如画思维导图、小组合作、表演英文短句的方式开展教学。

三、选择合适的教学策略

（一）合理选择绘本

目前市场上的绘本品种多种多样，教师必须结合学生特点与教学内容，以学科核心素养理念为指导，合理选择优质的英语绘本，增强学生的学习动机与学习信心。教师要综合考虑学生的年龄、认知规律、兴趣爱好和单元主题等内容，具体情况具体对待。另外，学习是需要过程的，尤其是语言学习，教师要由浅入深地开展阅读活动，指导学生阅读英语绘本，促使其逐渐深入的学习，发挥学生的学习自主性，提升其观察能力、想象能力和思维能力。

新课标强调，教师在英语教学中不仅要向学生传授英语知识和技能，还要培养其英语素养与人文素养，锻炼学生的思维能力。文化是一个民族的内涵与灵魂，所以不同国家之间在饮食习惯、宗教信仰、习俗等方面的文化差异不可避免，与我国出版的英语绘本相比，国外原版的英语绘本更能体现当地人的语言与思维习惯，同时还能体现东西方国家及人们观念与文化理念的差异。教师在开展英语绘本教学时，要适当渗透情感教育与文化教育，拓宽学生的知识面，融入多元文化因素，提升学生思维的发散性与批判性，增强其跨文化意识，促使学生形成良好品格与正确"三观"。

（二）思维导图整进整出

思维导图又称心智导图，是表达发散性思维的有效图形思维工具，能够把思维形式和知识按照一定的联系，以具体的图形展现出来，把人的思维过程或导向呈现出来，让思维可视化。

思维导图是提升英语绘本教学的有效途径。学生利用思维导图来解读绘本内容，分析文章的结构，精简文中信息。学生还可以对照思维导图对绘本内容进行复述，进一步掌握句型和词汇，从而培养自己的语言运用能力。课堂上，我们鼓励学生首先独立完成一份思维导图，独立思考自主学习，然后小组讨论，进一步补充自己没有获取的内容，对思维导图进行修改，然后班级内分享，进一步完善思维导图。在上课过程中，我们注重对思维导图的改进，一本英文绘本通常会读三遍，每读一遍学生都会有新的收获。

（三）不同视角讲故事

不同视角讲故事是语言巩固和语言实践的活动，不是简单的句子、片段和语篇的朗读，也不是内容的背诵，而是学生在教师的帮助下，通过不同视角讲故事的方式进行的语言实践、语言巩固和适度的语言运用。它必须以学生充分的语言学习、语言操练、语言实践和语言积累为基础，以学生对文本大意及细节的认真理解为前提，从而构建自己的知识体系，完善自己的语言能力，发挥想象力和创造力。该活动能有效激发学生的学习热情，降低学生语言输出的难度，使他们更有梯度地掌握和运用语言。使学生更好地身临其境体验角色和语言，感悟不同角色之间的合作与碰撞，丰富学生的个人情感，调动学生的学习积极性和主动性。

综上所述，在核心素养下进行英语阅读教学，教师必须巧妙渗透绘本内容，有针对性地对学生进行合理的引导与帮助，使学生在教师与绘本阅读的指引下，逐步掌握英语学习技巧，提高学习能力。在此过程中，教师要发挥自身的引导作用，合理地选择适当内容的绘本，为学生创造想象的空间，通过绘本探究，使学生对英语学习产生浓郁兴趣，从而慢慢掌握知识，获得成功的喜悦；充分利用绘本中的插图，培养学生的逻辑、联想等思维能力；创新教学活动，激发学生内在的阅读兴趣，提升学生的倾听能力，进而提升阅读素养。

第五节 Lesson 10 教学设计

一、教学指导思想与理论依据

作为一线教师，如何跳出"知识点"教学，怎样做好"词汇和句型的操练"，实现真正意义的语言运用？带着这个问题，我重温了《义务教育英语课程标准》。课程标准要求教师要教会学生"用英语做事情"，教会学生英语"学习策略"，灵活地使用教材。通过研读教材，本节课把指导学生"如何描述自己的旅行"作为教学设计的指导思想，由知识立意教学转向能力立意教学。

二、教材分析

本单元是在前两个单元谈论过去发生的事情或者活动的基础上，聚焦出行目的地和出行方式的话题。通过本单元的学习，学生能够用两种不同的方式对出行方式进行表述，对他人的出行方式进行简单而礼貌的询问。通过主人公Mike和他父母在杭州游览的经历，用一般过去时对杭州的名胜古迹和特产等相关内容进行了介绍。学生结合前两个单元的学习，可以基本掌握如何就过去发生的事情或经历进行交流。Lesson 11借助对古人出行方式的学习，帮助学生以积极的情感感受现代发明带给人们的便捷；Lesson 10通过对Mike杭州旅行的介绍，使学生能够用过去式把自己旅行经历进行简单的描述。

三、学情分析

本班为六年级学生。学生英语水平不错，并且他们英语学习习惯较好，学习态度认真，乐于表达自己的观点和想法。小学阶段学生对一般过去时的用法已有所接触，但是如何使用一般过去时来描述自己的出行目的地和出行方式，部分学生会有困难。因此在本课的教学中，教师应该特别关注动词过去式在语境中的用法。

四、教学目标

在本课学习结束时，学生能够：

①使用"How did you go to ..."" I went to...by..."提问和回答出行方式。

②听说读写green hills、blue water、small bridges、old houses、silk dress等词组。

③正确理解课文对话，获取课文中的相关信息，正确朗读课文，表演对话，并能够尝试转述课文。

④通过对话的学习，对杭州当地的名胜古迹和特产有所了解。

五、教学重点

①出行方式的询问和回答：How did you go to ...? I went to ...by...

②关于旅行经历的信息的交流：How was your trip?及其答语；What did you do there? 及其答语。

六、教学难点

①出行方式的两种表达方式。如：I flew to ... / I went to...by air.

②独立而完整地表述自己的出行经历。

七、教学过程

表2-1 教学过程

	教学活动	设计意图	时间
Step 1	Teacher shows the pictures. And ask: What does Miss Lei like doing?	通过教师旅行的照片导入新课，激起学生的学习兴趣	4′

续表

	教学活动	设计意图	时间
Step 2 **Warm-up**	Teacher shows the pictures and asks: Where did Miss Lei go? How did Miss Lei go there?	通过看图片，学生猜测 Miss Lei 的出行方式，引出交通方式的两种表达。在激发学生学习兴趣的同时，巩固学习交通方式的两种表达	4′
Step 3	Look at the picture and guess: What are they talking about? Watch the cartoon and check the answer. 1st reading 1. How did Mike go to Hangzhou? 2. How did Mike go around the West Lake? 2nd reading Read and fill the form.	1. 学生看图片，猜测 Mike 和爷爷的对话内容。学生看动画，找答案，掌握文章的大意 2. 读课文，回答关于 Mike 旅行方式，使学生能够运用正确的语言表达出行方式 3. 通过第二遍读，学生能够根据课文内容，填写表格，找出 Mike 在杭州做的事情。并通过图片解释 green hills、blue water、small bridges、old houses、silk dress	21′
Post-reading			
Step 4	Read and Role-play the dialogue.	通过跟读，模仿语音语调。分角色朗读，内化课文内容	5′
Step 5	Retell the story with the help of your handout. Use the dialogue to talk about your trip with your partner. Where did you go? Who did you go with? How did you go there? What did you do there? How was the trip to...? Tell your trip to the classmates. Here is an example. I went to Henan with my parents last summer. We went there by train. We did many things there. First, we visited many places and enjoyed the beautiful views there. Then we ate the local food. It was delicious. At last, we went to Shaolin Temple. It was really a fantastic trip.	学生根据图片回忆课文内容，并能根据图片及关键词复述故事 学生根据问题进行同伴问答，回答关于自己旅行的相关问题 学生讲述自己旅行的经历	11′
Homework Write down your trip			

第六节　*Letters for Mr. James* 教学设计①

表2-2　*Letters for Mr. James* 教学设计

教学基本信息			
课题	*Letters for Mr. James*		
教材	阳光英语（初一）	出版社	外语教学与研究出版社
姓名	雷颖	学科	英语
学校	北京市燕山东风中学	年级	六年级
课型	阅读课	研究主题	课外阅读策略

内容分析

主题：
社区生活——关爱他人

主题意义：
　　作为社会一员的学生，他们应该学会关心自己生活的社会环境，学会关心他人，关注周围的人和事物。2011版《英语课程标准》强调英语教学的人文性，以学生为本的教育理念，同时也强调要拓宽视野、陶冶情操、磨炼意志、开发思维，努力发展学生人文素养。故事阅读无疑是一种很好的选择。
　　阅读是初中阶段英语教学的重要环节，能使学生在娱乐和幽默宽松的氛围中自主学习，帮助学生完成初中学段的学习目标。

[What]
　　Letters for Mr. James（给Mr. James的信）。故事讲述一位孤独的老人Mr. James，渴望收到朋友的来信，期待很久，女邮递员把这个情况告诉了商店的售货员，售货员把这个事情告诉了银行的女职员，银行的女职员把这个事情告诉了她的孩子。在教师的引导下，孩子们给Mr. James写了信，Mr. James收到了很多来信，从此Mr. James的生活变得快乐而幸福。

[Why]
　　渗透帮助他人和传递关爱的人文素养。本文通过Mr. James的故事，告诉学生社会关爱的重要性。一个微不足道的关爱和帮助就可以温暖对方，使他人生活幸福快乐。

---

①　2020年北京市研究课，燕山研究课。

续表

内容分析

[How]

一个温馨而带有悬念的小故事。文章以主人公Mr. James与女邮递员的对话开头，人物间的传话构成故事的发展，直至出现令人惊喜的故事高潮。而故事最后再次以Mr. James和女邮递员的暖心对话为结局，使故事在前后呼应中得以升华。

书中每页都配有精美的插图，教师可提醒学生关注图片中人物的表情，以促进学生在阅读时体验故事情节、理解故事人物的情感。

描写Mr. James没有收到信时，用了人物语言"I never get any letters""Never! Never! Never!"以此表现他的伤心、绝望、孤独，以及期待别人的关爱。描写人们传递Mr. James的情况时，通过不同人物重复的动作和表达人物情感动作的词汇，体现出人们虽然互不相识但都很关心理解他，并努力帮助他。

描写教师和孩子们给他写信时，用了大量的形容词并通过对比的手法，表现出孩子们写的各种形式的充满关心与友爱的信。

描写结局时，用了Mr. James和女邮递员对话的形式，"They can't be for me, I never get any letters."表现出惊喜、激动和难以置信，以及邮递员的高兴及兴奋。

学情分析

基本情况：

燕山实行"五四制"教学，学生刚刚升入本校（初中校），他们只有11岁或12岁，是六年级学段。学生喜欢有情节的经典故事，看重阅读过程中的快感体验。他们喜欢与朋友、家长分享阅读的收获。但他们缺乏阅读策略，阅读习惯还没养成。

已有知识和经验：

六年级学生，从小学一年级开始接触英语，已经掌握500个左右基础词汇、300多个基础短语，并具备初步阅读能力，而且故事阅读也是本年龄段学生乐做的事情。一至五年级，学生学习北京出版社英语教材，阅读材料就是该教材"Story time"版块中的小故事。阅读内容较少，而且主要是教师引领阅读，阅读后完成课后练习。学生对读过的故事印象不深，对英语阅读感到困惑，生词多且练习题枯燥，对学生缺乏吸引力。

学习难点：

通过两个月的教学观察，学生虽然能够阅读简单对话和文段，但是他们大多数人存在单词发音不准，语调不流畅。学生能模仿光盘中的语音、语调，但很多单词发音还不够准确，影响表达效果。学生单词读音需要强化，特别是读音规则需渗透教学始终。

学生喜欢讲故事，但是多数人还是背诵故事，没有拓展和延伸。

研究主题描述、主要理论依据、在本课的体现

研究主题：

整进整出绘本阅读的教学策略（六年级学段故事阅读的指导策略）。

理论依据：

外语教学和外语学习应坚持"整进整出"的理念，即"整体输入""整体互动"和"整体输出"（韩宝成，2018）。"整进"指"整体输入"，即输入完整的语篇。外语学习离不开语境，而完整的语篇能够为学习者提供完整的语境，让掌握和加工语言变得容易。此外，教师有责任把好语言输入材料的质量关，整本书阅读教学选用英语国家的原版书作为阅读材料，且能保证足够的语言输入量。

续表

在课外阅读中，学生具有主体地位和主动接受的权利。作为读者，他们应该是主动的、开放的、创造的接受者。也正是这样，使学生完全出于自愿，不勉强，离开利益关系去阅读这些优秀书籍，极大地调动阅读的积极性，提高他们的鉴赏水平和接受能力，是使他们逐渐养成爱读书习惯的关键。

良好的阅读习惯不是一蹴而就的，不是教师说说、学生做做就形成的。为了帮助学生养成良好的阅读习惯，教师还要基于整本书的主题，围绕主线整合教学内容，进行教学设计，开展导读课，引导学生走进文本，理解文本的表层信息，激发学生独立阅读的兴趣与自信。此外，仅仅阅读是不够的，语言的输入到输出需要内化的过程。教师要通过布置任务，帮助学生完成语言吸收，而"整体互动"则是达成这一目标的保障。教师可布置阅读、听录音、模仿朗读、完成阅读反馈单等任务，增强学生和朗读者、作者的互动，让学生整体体验和理解文本的意义。这种互动对于英语基础薄弱的学生尤为重要，它是师生间、生生间互动的基础。教师通过交流、讨论等互动活动检验学生对故事的理解程度，引导学生在探究故事内涵的过程中建构意义。"整体互动"能帮助学生内化语言，发展思维品质。"整出"指"整体输出"，即围绕文本内容开展各种理解与表达的语言实践活动，引导学生表达自己的观点，再联系实际生活，用阅读所获解决自己生活中的问题。综上，输入的过程中有互动，互动的过程中有输出。需要注意的是，教师设计的输出活动一定要关注意义，让学生在语境中操练、运用语言；让学生输出完整语篇，输出语篇的长短可根据学生的水平而定；输出要基于输入，如教师可以设计读后转述、续写等活动。

本节课教学设计，本着通过教师引导，使学生重视封面和封底的阅读，体会作者的独特设计。通过封面和封底的阅读，让学生展开想象的翅膀，首先自主开口表达。再通过故事内容的阅读与分析、想象与表达，了解绘本故事的主题意义。在教学过程中，学生可以增加词汇学习动力，提升口语表达能力，同时激发学生阅读故事、小说的兴趣。

教学目标

在本节课结束时，学生能够：
1. 阅读梳理出 Mr. James 的烦恼：never get any letters，lives unhappy/lonely。故事的发展过程：...said to...，write letters to，以及故事的结局：Mr. James changed.
2. 根据结构图，在给定的情境中讲述 *Letters for Mr. James* 的故事。
3. 编演故事：通过模仿学习正确的语音、语调，根据自己的理解拓展故事。

教学过程

教学环节	设计意图	教师活动	学生活动	时间安排
Step 1 Pre-reading	Try to predict and make a story. 通过认真读图激活已有知识，鼓励学生发挥想象力大胆预测	Ask: 1. What can you see in the pictures? 2. Guess what happened in the story. Try to make a story by yourselves.	1. Watch carefully and try to imagine what happened between the two people. 2. Make a story according to two pictures and try to tell the story to others.	2：00— 2：10

续表

| Step 2
While-reading | Try to get the main idea of the story.
借助思维导图梳理故事大意 | Ask the students to read the story and find out what the story is about?
Remember:
1. Try to make a mind map while reading.
2. After reading, try to share your idea with your partner.
3. Show the story in class with their mind map.

a story ── cause 起因
a story ── developing 经过
a story ── result 结果 | 1. Read the story and make a mind map.
2. Share theirs works with partners.
3. Follow the teacher to tell the story. | 2：11—2：26 |
| Step 3
While-reading | Focus on some key words and ~~get the feelings~~ of the characters in the story.

寻找目标语言，获取人物的情感变化 | 1. Lead the students to think:
How did Mr. James feel at first? And how did he feel at last? And how did this change happen?

Ask the students to find some words in the story.
For example: Any letters for me? (expected)
Ask the students to read again and try to find out Mr. James's feelings.

2. Ask the students to read the words and sentences aloud.

3. Lead the students to think:Why did Mr. James change a lot? | 1. Read the story again and try to find out Mr. James' feelings.
2. Discuss and share their ideas with each other.
3. Read the words and sentences aloud.
4. Students think and try to answer the teacher's question: Why did he change a lot? | 2：27—2：51

2：52—2：57 |

续表

		1. Ask the students: How many characters are there in the story? Who do you like best? Why? 2. Ask the students to retell the story: Would you like to tell the story to others? You can retell the whole story to others or you can tell the story in another way. You can act as Mr. James the postwoman/the teacher/the children... For example: Teacher would like to share teacher's story with students. Hello, everyone. I'm the teacher...	1. Discuss in group and choose one and tell your reasons.	2 : 58— 3 : 20
Step 4 Post−reading	Elicit the students' ideas of the story. 分析和评价故事中人物的态度和行为		2. Try to retell the story.	
			3. Show their story in class.	3 ： 21— 3 ： 30
Step 5 Post−reading	Create an output. 引导学生就故事内容及自己的思考进行自主表达	Ask the students to make an interview: Hello, Mr. James, would you like to answer my questions: 1. When you got a lot of letters, what do you want to say? 2. If you know a person like you, what would you like to do? 3. Everyone in the story is ___/____/____/____/___ because _____.	The students try to ask and answer freely.	3 ： 31— 3 ： 37
Step 6 Homework	As long as everyone gives a love, the world will be better and better! So, tell the story to your friends or to your family.			3 ： 38

续表

板书设计

教学反思

我第一次尝试整进整出的绘本故事阅读教学，经过几轮的试讲、修改和调整，最终比较顺利地完成了已定的教学目标。

在本节课教学中，本人努力做到了：①每个环节给足时间，放手让学生或小组做事情，做到相信学生。因此，本节课教学环节少，教师语言少。②教学活动及语言注重引导学生发挥想象力，充分运用已有知识和技能。在教学过程中，重视绘本的封面封底彩页和文字，给学生想象的机会和时间。③通过板书设计，既巧妙地梳理了故事的情节，又达到了对学生情感态度与价值观的引领作用。

通过课前设计和课上实践，我体会到，"整进整出"故事教学与日常教学有所不同，应该打破传统的篇章讲解，以一本书的主题为纲领设计教学活动。需要注意的是给学生选择书目的自由但也给予指导，让孩子有主动阅读的兴趣，也有持续阅读的基础。在选书时，教师要考虑四个因素：书本的教育价值、文本语言难度、学生认知水平及文本类型。

我也深深地体会到，绘本虽短，但是对于六年级的学生及他们的英语水平来说并不容易，更需要教师的指导。在今后的教学中，还应该加强兴趣导读，讨论交流，应用创新教学活动的设计与尝试。

第七节　*The Silk Road*（《丝绸之路》）教学设计①

表2-3　*The Silk Road* 教学设计

教学基本信息	
课题	Unit 7 Lesson 19 *The Silk Road*
指导思想与理论依据	

《普通高中英语课程标准》（2017年版）指出：主题为语言学习提供主题范围或主题语境。主题语境不仅规约着语言知识和文化知识的学习范围，还为语言学习提供意义语境，并有机渗透情感、态度和价值观。教师要认识到，学生对主题语境和语篇理解的深度，直接影响学生的思维发展水平和语言学习成效。英语课程应该把对主题意义的探究视为教与学的核心任务，并以此整合学习内容，引领学生语言能力、文化意识、思维品质和学习能力的融合发展。

《普通高中英语课程标准》（2017年版）要求：教师要善于利用多种工具和手段，如思维导图或信息结构图，引导学生通过自主与合作相结合的方式，完成对信息的获取与梳理、概括与整合、内化与运用。教会学生在零散的信息和新旧知识之间建立关联，归纳和提炼基于主题的新知识结构；教师要善于提出从理解到应用、从分析到评价等有层次的问题，引导学生的思维由低阶向高阶稳步发展；同时，教师要启发学生积极参与针对语篇内容和形式的讨论和反思，鼓励学生围绕有争议的话题有理有据地表达个人的情感与观点。

| **教学背景分析** | |

文本解读：

本节课融合了英语、地理、历史等学科的内容，介绍了有关"丝绸之路"的部分历史、沿途城市、古诗等信息。可以通过思维导图的制作与展示交流，让学生了解丝绸之路及沿途四个重要城市的重要历史作用及其变迁，并学会用英语介绍丝绸之路及沿途四个重要城市。不仅如此，还可以通过拓展延伸，让学生由古丝绸之路联想到当代的"一带一路"倡议，引导学生关注时事，拓宽其文化视野，更重要的是让学生了解古今"丝绸之路"背后的历史、文化意义，真正做到了用英语讲述中国故事，提升学生的文化自信。

学情分析：

本节课授课对象是北京市燕山东风中学八年级1班36名学生。学生在历史课上已经学过有关丝绸之路的历史知识，学生对本课有一定背景知识，这就降低了阅读的难度。大部分学生

---

① 2019年11月主讲*The Silk Road*获北京市第三届科研课题研究课评比二等奖。

2019年9月课题*The Silk Road*在"2019年北京市初中英语优质课评选活动"中获二等奖。

2019年6月*U7 The Silk Road*课在燕山地区初中英语研究课中获得好评。

2020年4月*The Silk Road*课获全国教学技术一等奖。

续表

能流畅表达自己的观点和想法，能够利用简单的阅读技巧进行阅读，在提取和分析文本表层信息方面没有太大问题，但是在挖掘深层信息，还需要进一步的引领和指导。

教学目标

到本节课末，期待学生能够：

1. 摘录并补充有关丝绸之路的基本信息（如长度、途经地、用途等）。

2. 找到作者沿着丝绸之路参观的路线和感受；摘录四个丝绸之路要塞的过去和现在的信息，用思维导图的方式进行汇报。

3. 通过分析、讨论四个丝绸之路要塞的信息及补充材料，了解古今丝绸之路的作用和意义，提升文化自信。

教学重点：摘录有关丝绸之路的基本信息，用思维导图的方式进行汇报。

教学难点：分析古今丝绸之路的作用和意义。

教学流程图

1. 读前 {
  1. 头脑风暴：激活已知，探索未知
  2. 图片引入：The Silk Road
}

2. 读中 {
  扫读：了解文章主要内容 + 文本结构
  1. 制作思维导图分享并汇报。
  应包含：作者沿着丝绸之路参观的路线及感受。
  丝绸之路相关信息（如长度、途经地、用途等）。
  丝绸之路上四个重要城市的过去和现在的信息。
  2. 回读解决生词并回答问题。
  3. 朗读课文。
}

3. 读后 {
  1. 梳理总结文章，谈谈自己对古丝绸之路的感受。
  2. 观看视频并小组讨论丝绸之路与"一带　路"在过去和当今世界所起的作用和价值及自己的抱负。
  3. 布置作业
}

教学过程				
教学目标	教学活动及互动方式	设计意图	活动层次	效果评价
Step 1 Pre-reading	1. Show the pictures and ask the students to guess what topic we are going to learn. Students: Look at the pictures and answer the questions. 2. Ask: What do you know about the Silk Road?			

续表

教学过程				
	What do you want to know about the Silk Road? Students: Brainstorm: the Silk Road 3. Ask the students to check and expand their background knowledge（length, route, function...）about the Silk Road through the text (Para.1) and the Internet. Students: Check their answers through the text and iPad.	以图片等引出本单元话题 以头脑风暴的形式激活学生背景知识，与学生已有知识、生活经验建立联系；以查阅资料和阅读的形式检查和扩充知识，并使本节课学习成为学生需要	感知与注意	充分发挥了学生的主观能动性，调动了学生学习热情，展示了学生丰富的背景知识
Step 2 While-reading	First reading: Ask the students to read quickly and find out the main idea. Students: Read and get the main idea about the passage.	First reading: 通过扫读抓住文本主题	获取与梳理	第一遍阅读学生能够很好地认知本节课主题是关于丝绸之路的游记
Step 3 Post-reading	Second reading: Ask the students to read the text, divide the passage and say out the reason. Students: Get the structure of the passage. Third reading: 1. Ask the students to draw a mind map about the passage (route, the past and the present of the important cities, writer's feelings...). Students: Read carefully to understand the passage and draw a mind map about the passage. 2. Ask the students to share and polish their mind maps in groups. Students: Share and polish mind maps in groups. 3. Ask the students to choose one student in each group to present their mind map in class. Deal with vocabulary while presenting.（trade; fascinated; connect; onument; edge; desert; influence）	Second reading: 了解有关丝绸之路的梗概信息文本结构 Third reading: 1. 通过细读找出丝绸之路的基本信息：游览路线、四座城市过去状况、现在的发展及作用、作者感受 2. 通过分享、优化、合作学习，取长补短	概括与整合 描述与阐释	第二遍的阅读学生了解丝绸之路的基本信息，对文章知识脉络有了更加充分的认识 第三遍的阅读学生能够找出丝绸之路的基本信息，并能够很好地完成思维导图的制作。通过小组的交流分享，加深了对课文的理解，体现了以学生为主题的自主合作探究学习的思想

续表

教学过程			
·Ask the students following questions to check their understanding and to help them know the passage deeply. Why was Lanzhou important on the Silk Road? Why did the writer choose these 4 places to visit? What did the writer think of the Silk Road? What's your opinion? ... Students: Present in class. Talk about the passage in detail according to their mind map. ·Learn some new words at the same time. ·Answer teacher's questions.	3. 课堂中教师放手学生，学生真正成为主题意义探究的主体，他们在情境中，通过自主、合作和探究学习，积极地探究主题意义 4. 检查学生对文章和词句的理解程度，并通过教师追问挖掘文本深层的意义，培养学生思维品质和语言运用能力	分析与判断 内化与运用	通过三遍阅读和思维导图制作与交流，学生已经能够很好地理解和掌握了文章和词句
Fourth reading: Ask the students to read the passage and pay attention to the pronunciation. Students: Read the passage.	Fourth reading: 朗读文章整体感悟关注语音		
1. Guide the students to summarize the whole passage with the help of the mind maps and share their opinions about the Silk Road. Students: Summarize the passage and talk about opinions about the Silk Road.	根据文本表层结构的主线深入了解文本	内化与运用	第四遍的阅读加深了学生对整篇文章的印象，学生的语音语调基本正确，很好地达到了预期
2. Show the students a video about the Silk Road and "One Belt One Road". Ask the students to use the iPad for further information if needed. Ask students to tell the similarities (相似) and differences between the old Silk Road and One Belt One Road in groups.		推理与论证	

续表

教学过程			
Ask the students "What do you think of the Silk Road and 'One Belt One Road'?" Students: Watch the video. Work in groups: Tell the similarities (相似) and differences between the old Silk Road and One Belt One Road. Talk about their own opinions.	通过观看视频分析论证推理判断等活动体会古今丝绸之路的作用和价值	批判与评价	观看视频拓宽了学生视野，将古丝绸之路与"一带一路"相联系，既了解知识，又提升了文化自信
	培养学生积极思维主动表达的学习素养	想象与创造	学生积极发言,思维灵活,表达全面

Home- work	Polish your mind map and introduce the Silk Road to your parents or friends. Try to say something about One Belt One Road.

教学特色说明

本课的教学特色主要体现在以下几方面。

一、强化主题意识，提升学科素养

基于学生已有的对该主题的经验，通过一系列具有引领作用的主题意义探究活动，如信息获取、梳理整合、内化运用、分析比较评价迁移等，帮助学生建构和完善新的知识结构，深化对该主题的理解和认识，帮助学生进行创造性的迁移，使其形成必要的语言能力、文化意识、思维品质和学习能力。

二、加强自主合作，发展思维品质

引导学生采用自主、合作的学习方式，参与主题意义的探究活动:学生通过自主学习，利用平板电脑搜集有关资料，利用思维导图梳理和组织信息，建构结构化知识，呈现出思维的多样性，体现了学生课堂学习的自主性和主体性，促进了学生逻辑性思维和学习能力的发展。学生通过交流、分享、补充，在合作学习中提升了合作能力、探究能力、促进了多元思维的发展。在自主基础上的合作，合作指导下的自主，一方面让学生将所学知识内化于心，另一方面让学生的思维品质得到了发展。

三、进行学科融合，培养文化意识

本节课融合了英语、地理、历史等学科的内容，在学生自主阅读文章、查阅资料获取与主题相关的信息的基础上，让学生调动已有的各学科知识，整合有关丝绸之路部分历史、沿途城市、古诗等信息，形成思维导图。通过思维导图的展示交流，学生了解了丝绸之路及沿途四个重要城市的重要历史作用及其变迁，并学会用英语介绍丝绸之路及沿途四个重要城市。不仅如此，通过拓展延伸让学生由古丝绸之路联想到当代的"一带一路"，引导学生关注时事、拓宽其文化视野，更重要的是让学生了解了古今丝绸之路背后的历史文化意义，真正做到了用英语讲述中国故事，提升学生的文化自信。

第八节　*Sloppy Tiger and the Party* 教学设计①

表2-4　*Sloppy Tiger and the Party* 教学设计

教学基本信息			
课题	*Sloppy Tiger and the Party*		
教材	阳光英语（初一）	出版社	外语教学与研究出版社
姓名	雷颖	学科	英语
学校	北京市燕山东风中学	年级	六年级
课型	阅读课	相关主题	人与社会

内容分析

主题语境：人与社会—人际沟通——社会交往

主题意义：本课故事内容讲述了 Lily 带着她的宠物虎参加 Jim 的派对，小老虎在派对上表现出的一系列冒失行为及故事主人公的反应，属于"人与社会"主题。通过生动有趣的故事内容，激发学生思考如何规范自己的行为准则、待人接物等，启发学生学会换位思考，礼貌待人。

主要内容：

[What]：故事中主人公之一 Lily 带着自己宠爱的小老虎参加 Jim 的生日派对。小老虎在派对上做了很多冒失的事情，引发了 Jim 的恼怒，最后竟要求主人公把小老虎带走。Jim 的妈妈送给了小老虎一个塑料球当作礼物，让小老虎开心地回家了。

[Why]：通过生动有趣的故事学习，启发学生在社会交往中学会换位思考，礼貌待人。

[How]：本课故事通过主人公 Lily 参加派对前对宠物虎的本性分析，在衬托出主人公对宠物虎的溺爱的同时，也为小老虎所做的一系列冒失行为埋下伏笔，从而引出故事的另一主人公 Jim 的连锁反应。通过冒失虎的行为描述，使学生了解到冒失虎天真好动的动物本性。通过 Jim 的话语及语气 You should... —I wish... —Take him go！使学生体会到主人的情绪变化。Jim 妈妈的出现挽救了派对的尴尬局面，巧妙地用一个塑料球让冒失虎满意而归。突出故事的主题意义，启发学生换位思考，礼貌待人。

---

① 2020年北京市研究课，燕山研究课。

续表

<table>
<tr><td colspan="5" align="center">学情分析</td></tr>
<tr><td colspan="5">　　燕山实行"五四学制"教学，学生刚刚升入本校（初中校），属六年级学段。自上学期后半学段，开始尝试实施"整进整出的绘本阅读教学策略"。引领学生从故事的封皮入手，预测故事内容，通过自主阅读整体感知故事情节，教师引领梳理故事主人公的情感变化，探究故事的主题意义，通过不同视角讲故事，拓展学生的阅读思维，丰富学生的故事编演想象力。目前学生已有三本绘本阅读的经验积累。学生喜欢图文并茂、生动有趣的经典故事，喜欢在阅读过程中通过配图猜测词义，自主理解故事情节的快感体验，喜欢与朋友、家长分享阅读收获。但大部分学生停留在故事情节的理解层面，对于故事的主题意义关注不够。
　　本课教学旨在引领学生自主获取故事情节内容的基础上，启发学生思考故事背后的引申意义，培养学生的阅读思维习惯。</td></tr>
<tr><td colspan="5" align="center">教学目标</td></tr>
<tr><td colspan="5">　　在本节课结束时，学生能够在理解故事内容的基础上，分析评判故事主人公的社交行为并提出自己的意见。</td></tr>
<tr><td colspan="5" align="center">教学过程</td></tr>
<tr><td>教学环节</td><td>设计意图</td><td>教师活动</td><td>学生活动</td><td>时间安排</td></tr>
<tr><td>**Step 1**
Revision</td><td>帮助学生回顾故事内容</td><td>Retell the story with the students according to the story map.</td><td>Students retell the story with the teacher according to the story map.</td><td>10′</td></tr>
<tr><td>**Step 2**
Analyzing and making assessments</td><td>引领学生回读文本，寻找目标语言，分析主人公的情感变化，评判主人公的行为表现。为深入探究故事的主题意义做准备</td><td>1. Lead the students to focus on the sloppy things the tiger did.
2. Help the students think about Jim's reaction about the tiger's sloppy behavior.
Teacher: What do you think of Jim's behavior?
3. Lead the students to think about Lily's feeling at the party, analyze her emotion to the tiger before the party and make assessments about her.
Teacher: How did Lily feel at the party?
Teacher: Did Lily predict that the tiger would do a lot of sloppy things before party? How do you know?
4. Teacher: What do you think of Lily's decision?</td><td>1. Students think about Jim's reaction and feelings about the tiger's sloppy behavior according to Jim's words.
2. Students discuss Jim's behavior and try to make assessments.
3. Students discuss and think about Lily's feeling at the party.
4. Lead the students to think about Lily's behavior and make assessments.</td><td>20′</td></tr>
</table>

续表

		教学过程		
教学环节	设计意图	教师活动	学生活动	时间安排
Step 3 Voicing opinions	探究故事的主题意义，引领学生学会自我反思，树立正确的社交行为准则，学会换位思考，礼貌待人	Lead the students to discuss and share opinions. Teacher：If you were Lily or Jim, what would you do?	Students discuss in groups and share their opinions .	13′
Step 4 Homework	Try to tell the story to your friends or to your family.			2′
		版书设计		

第九节　*What Is He Wearing?* 教学设计①

一、教材分析

本课是北京版《初中英语》六年级上册教材第6单元的第1课，话题为服装。本课为本单元的第一课，主要讲述了Mike站在街上，Guoguo问他为什么站在这儿。Mike告诉Guoguo他正在等人。Mike向Guoguo对所要等的人进行了外貌、衣着、职业等描述后，Guoguo认出了对面走来的两个人中Mike所等的那个人的对话情景。

本课的教学设计分为两个课时。第一课时侧重对对话内容的理解，引导学生通过阅读获取有关Mr. Brown的相关信息。在阅读活动中，引导学生提取主要信息和细节信息，并注意询问某人穿什么及回答的功能句，最后结合语篇信息和语言进行输出活动。

第二课时在复习语篇内容和语言的基础上，加强对重点功能句"What is he wearing? He is wearing..."的理解，使学生能够在模拟情景中灵活运用所学语言与他人谈论衣物，进行交际。

二、教学内容

话题：服饰

词汇：

Lesson 19：

Wait，man，woman，suit，silver，tie，Mr.，lawyer，wonder，serious.

策略：读中通过关键词获取主要信息；根据上下文语境猜词。

---

① 2020年燕山研究课。

三、教学目标

在本课学习结束时，学生能够：

①在情景中听懂会说"What is he wearing?"及其答语"He is wearing a blue suit with a silver tie"并能在情景中运用。

②能听说读写tie、Mr.、goodbye等单词，认读wear。

③能正确理解课文对话，获取课文中的相关信息，能够正确朗读课文，表演对话。

四、教学过程

	教学活动	设计意图	时间
Step 1	· Teacher shows the pictures and students guess: · Why is Mike standing in the street ?	学生通过看图片，猜测Mike站在路上的原因，激发学生想象力，提高学生的学习兴趣	9′
Pre–listening			
Step 2 Warm–up	Teacher shows the pictures and asks: What do you want to know about the person?	通过看图片，让学生假设自己是Lingling，并且不认识Mike父亲的朋友，她想了解这个人哪些方面的情况。激活学生的已有知识	4′
While–listening			
Step 3	**1ˢᵗ listening** 	1. What does he look like?	□taller　　□shorter
2. What is he wearing?	[图：西装、衬衫裤子]　□　□
	[图：皮鞋、皮鞋]　□　□
3. What does he do?	□business man □lawyer □boss | **2ⁿᵈ listening** Read after the tape.	1. 通过听对话，学生填写表格，勾选正确的内容。掌握本课的基本对话内容 2. 通过第二遍听，跟读，模仿语音语调	22′

续表

	教学活动	设计意图	时间
Post-listening			
Step 4	Role-play the dialogue. Act out the dialogue. Retell the story according to the words on the blackboard.	分角色朗读，模仿语音语调；角色扮演，注意表情动作。通过黑板上的关键词，复述课文基本内容，进一步内化课文	5′
Step 5	1. Guess what my friend Amy is wearing. 2. Help Amy to choose clothes in different situations. What is she wearing at home? What is she wearing at the party? What is she wearing on the playground?	1. 通过简笔画，让学生猜测自己挪威朋友 Amy 穿的衣服，激活学生关于服饰的词汇 2. 通过设定情景：我朋友 Amy 从挪威回北京，我的老公去机场接她。让学生猜测她的衣着。进一步内化关于衣服的词汇。最后通过不同的情景，让学生帮 Amy 选择合适的衣服，使学生自己总结出：在不同场合应该穿不同的衣服	5′
Homework			
Read the text aloud and tell the story.			

第十节　*Helping Each Other* 教学设计

一、教材分析

本课是北师大版《初中英语》八年级上册教材第5单元的第14课，话题为相互帮助。本课为本单元的第二课，主要讲述了主人公Amy和新同学Carrie相互帮助的故事。为本单元最后的"Communication Work shop"综合语言输出奠定语言基础。

二、教学内容

话题：相互帮助

词汇：

Lesson 14:

actually, suddenly, step, nervous, dare, copy, wonder, appear, surprise.

策略：读中通过关键词获取主要信息；根据上下文语境猜词。

1. 教学目标

在本课学习结束时，学生能够：

①知识与技能：通过阅读短文，获取有关Amy与Carrie如何相互帮助的信息；

②过程与方法：通过课文提示词，简单复述文章；

③情感、价值观：能够在生活和学习中相互帮助。

2. 教学重点、难点

通过阅读短文，获取有关Amy与Carrie如何相互帮助的信息。

3. 教学内容与学生情况的分析

本课的教学设计分为两个课时。第一课时侧重对阅读内容的理解，引导学生通过阅读获取有关Amy和Carrie相互帮助的信息。在阅读活动中，引导学生提取主要信息和细节信息，并注意在描述过去事情时使用的一般过去时，最后结合语篇信息和语言进行输出活动。

第二课时在复习语篇内容和语言的基础上，加强对动词过去式的理解，并了解一些短语的语用功能。在语境中进行多层面的练习，最后运用所学词汇来描述过去发生的活动。

三、学生情况的分析

本次上课为借班上课，教师和学生之前不认识，通过和所在年级的教师沟通，学生的英语基础较好，上课的方式一般为教师提问，学生回答，学生较少进行分组活动，但是学生的思维较为活跃。因此学生的积极性如何调动，是我要思考的问题。准备用图片把课文的故事串联起来，以此调动学生的积极性。

四、教学过程

	教学活动	设计意图	时间
Step 1	·Teacher shows the video and asks students to answer the following two questions: 1. Do they need help? 2. If they need help, how do people help them ?	通过视频导入本单元话题，激发学生对话题的兴趣	6′
Pre-reading			
Step 2 Warm-up	1. Tasks: Do you want to be a helpful man? How to be helpful? 2. Teacher shows the pictures about the story. Students talk about the pictures.	1. 通过提问，学生讨论自己如何帮助他人，激活已有词汇 2. 通过图片，处理课文中的单词	4′
While-reading			

续表

	教学活动	设计意图	时间
Step 3	1st reading Students read the story quickly and order the following events： Amy sat down beside a girl. Amy was walking slowly to her new school. Carries shared her book with Amy. A girl fell off her bike. Carrie and Amy became good friends. Students check answers in class. 2nd reading Students read part by part and finish the exercises. ·When? ·Where? ·Who? ·What? I was_____ and_____ lots of things ⇩ A girl on a bike_____ quickly. She was_____ when suddenly she_____ a few steps in front of me. ⇩ She was_____ to get up but _____ ⇩ I was_____ and_____ lots of things ⇩ Without thinking , I_____ and_____ her ⇩ She said " Thank you" and then_____. The words _____ me and this small event made me _____ 3rd reading Read and answer: 1. What did the teacher do? 2. Why was Amy nervous? 3. What happened in the English class? 4. What's the result of the story? 4th reading Have a competition： 1. Students read paragraph 1 and then teacher asks some questions: (1)When did the story happen? (2)What was the writer doing? (3)What happened to the girl on bike? (4)How did the writer help the girl?	1.通过第一遍读，学生能够根据时间顺序对故事排序 2.通过第二遍读，获取有关故事时间、地点、人物和起因的相关信息 3.通过逐部分阅读，不断地追问加深对课文的理解，并结合问题处理相关生词 4.使学生通过读课文，进一步内化课文内容，掌握动词过去式在讲述故事中的作用	25′

续表

	教学活动	设计意图	时间
	2. Students read paragraph 2 and fill in the blanks. 3. Students read paragraph 3 and answer the question: What's the result of the story?		
Post−reading			
Step 4	Group Work: 1. Order the pictures. 2. Retell the story according to the pictures.	小组合作，根据图片及提示词，复述课文内容	5′
Step 5	Retell the story with the help of your handout. Amy's diary Helping Each Other → Setting → When → walking, warrying Where → passed, riding Who → fell, trying What → went over warmed Development → The teacher → Led, asked Amy → knew, didn't dare,wondering Carrie → share Ending	学生根据课文结构回忆课文内容，并能复述故事。使学生能够掌握故事教学中的框架结构	5′
Homework			
	· Retell the passage and try to write it down. · Finish Exercise 4 on Page 57.		

板书

Helping Each Other

When
Where   Beginning   **Helping Each Other**   Ending
Who
What
↓   **Body**

walking, worrying
passed, riding   The teacher: led, asked
fell, trying   I: knew, didn't dare
went over   wondering
warmed   Carrie: Share

第十一节　*Helping at Home* 教学设计①

表2-6　*Helping at Home* 教学设计

教学基本信息					
课题	Lesson 4 *Helping at Home*				
姓名	张天宇	年龄	26	单位	北京市燕山东风中学
学科	英语	学段	初中	年级	七年级

教学目标（内容框架）
在本节课结束的时候，学生能够： 1. 理解Emma一家人为grandma's birthday进行的一系列准备工作； 2. 简单使用现在进行时的肯定句表达正在发生的事情；体会到和谐家庭中每位成员都应为家庭付出。 教学重点：简单使用现在进行时的肯定句表达正在发生的事情。 教学难点：学生能够体会到和谐家庭中每位成员都应为家庭付出。

指导思想与理论依据
《义务教育英语课程标准（2011年版）》（以下简称《课标》）提出了如下教学建议："各种语言知识的呈现和学习都应从语言使用的角度出发，为提升学生'用英语做事情'的能力服务。教师要创设贴近学生生活的各种语境，采用循序渐进的语言实践活动，以及各种强调过程与结果并重的教学途径和方法，如任务型语言教学途径等，培养学生用英语做事情的能力。" 　　王蔷教授在《英语学科核心素养与课程教学改革》中也提倡教师树立英语教学的活动观："知识学习不能脱离语境，教师要引领学生在主题意义研究和解决问题的活动中，整合语言知识学习，语言技能发展，感知文化，塑造品格，发展思维品质，提升学习能力。因此教学设计要情境化、问题化、活动化，体现综合性、实践性和关联性的学习过程。"

---

① 燕山"燕翔杯"比赛二等奖。

续表

教学背景分析

教学内容：

　　本课为北京师范大学出版社《英语》七年级（下册）第二单元第四课的第一课时，本节课是一节阅读课，文本内容是自下午5：00起，Emma一家人正在为祖母的生日聚会进行各项准备，爸爸、妈妈以及Emma都正在做准备事宜无法打扫地面，所以只有Jenny能帮忙打扫地面；在5：30时，妈妈接到了祖母的电话得知她正在往Emma家里走；在5：45时，祖父母到达Emma家中，由于妈妈和爸爸在生日蛋糕上插蜡烛，所以Emma开门迎接祖父母。

学生情况：

　　本节课学生是北京市燕山东风中学七年级3班学生，学生英语水平参差不齐，有一定的阅读理解和口语表达能力。部分学生英语能力较弱，但少数同学有较扎实的英语功底。部分学生有时因畏难情绪导致在课上无法持续跟进。需要教师在设计教学活动和实际上课过程中照顾到不同层次的学生。从对英语学习的态度上，学生整体积极，愿意在课上展示自我并和老师进行沟通交流。

教学方式：问题链

教学手段：学案、板书、PPT

技术准备：电脑

教学过程（表格描述）

教学阶段	教师活动	学生活动	设置意图	技术应用	时间安排
Lead-in	1. Ask students 2 questions. "Do you often help at home?" "What chores do you often do?" 2. Ask students to share their ideas.	Students share what chores they often do at home.	1. 激发学生兴趣，引入本课话题 2. 激发学生关于家务已有词汇	多媒体PPT	4′
Pre-reading	1. Introduce Emma to students. 2. Show pictures of Emma's family members. 3. Ask students to guess who they are and what they are doing.	Students guess who they are and what they are doing.	1. 对Emma家庭成员进行初步了解	多媒体PPT	2′
While-reading	1. Let students read the book to finish the blank. 2. Let students listen and check.	1. Students finish the blank. 2. Students listen and check.			

续表

		教学过程（表格描述）			
教学阶段	教师活动	学生活动	设置意图	技术应用	时间安排
While-reading	3. Ask students to read again and answer 3 questions. "Who can help mum sweep the floor?" "Why will Jenny do it in a minute?" "What do you think of Jenny?" 4. Ask students what they are getting ready for. 5. Show students a picture. 6. Ask students who is calling. 7. Ask students what grandma is doing. 8. Ask students why grandma is coming. 9. Show students 2 pictures. 10. Ask students who open the door and why mum and dad can't open the door. 11. Ask students to guess: Who is the cake for? 12. Let students read the dialogue to find out the answer.	3. Students answer the questions. 4. Students guess what they are getting ready for. 5. Students answer the questions. 6. Students guess why grandma is coming. 7. Students answer the questions. 8. Students guess who the cake is for. 9. Students read and check guessing.	1. 帮助学生理解 Emma 一家人为祖母生日进行的一系列准备工作 2. 帮助学生感知每个人都为准备祖母生日尽一分力量	多媒体 PPT	22′
Post-reading	1. Let students summarize everyone is helping at home to getting ready for grandma's birthday. 2. Ask students how grandparents feel. 3. Ask students what they think of Emma's family. 4. Let students read after the listening material.	1. Students finish the blank to summarize. 2. Students read after the listening material. 3. Students read with partners and read in the class. 4. Students imagine what Emma's family is doing at 8∶00.	1. 帮助学生认识到每个人的付出才能顺利为祖母生日进行准备 2. 帮助学生进一步感知现在进行时在文本中的使用	多媒体 PPT	17′

续表

	教学过程（表格描述）				
教学阶段	教师活动	学生活动	设置意图	技术应用	时间安排
	5. Let students read with partners in different roles and read in the class. 6. Ask students to think about what grandma will say next. 7. Ask students to imagine what Emma's family is doing at 8：00. 8. Ask students what they think of helping at home.	5. Students talk about what they think of helping at home.	3. 回归标题，引发学生对于标题思考		
homework	Write down what Emma's family is doing at 8：00.				

第三章
作业与评价

第一节　巧留英语作业增加学习兴趣

写好作业是英语学习的一个关键。《基础教育课程改革纲要（试行）》指出："倡导学生主动参与、乐于探究、勤于动手，培养学生搜集和处理信息的能力、获取新知识的能力、分析和解决问题的能力以及交流合作的能力。"毋庸置疑，适时、适量、适度的作业有利于学生巩固知识、训练技能、培养能力和发展思维。

我们布置的作业既要考虑学生的共性，也要兼顾学生的个性。作业内容应源于教材，但不拘泥于教材，作业形式应由单一的抄写背诵向丰富多样的任务型活动发展，既要有机械性的操练，也要有探索性的自主实践活动。我们应鼓励学生在实际生活中运用课堂所学的知识，让每位学生都能自主选择所要完成的任务。我们应组织学生主动参与小组合作，培养学生形成合作与交流的能力，调动每个学生的参与意识和积极性。这就需要我们教师将英语作业实用化、趣味化。以下是我给学生留作业的几种方式。

一、机械性作业，在实施时，具体情况具体分析

机械性作业一定要留。这是指在学完新的一课后，学生对新知识的理解还处于初级阶段，对新知识还没有达成更深的记忆，这就要靠抄写加强记忆。抄写几遍单词，抄写课本中的重要词组、句型、经典句子，甚至一些重要段落都是很重要的。在学完新知识后，应要求学生抄写单词五遍、抄写词组和句型三遍，还要写一遍中文意思。中文一定是要写的，这样可以加深理解和记忆。第二天应检查听写。从初一一入学，我就要求学生背诵、默写课文。开始的时候篇幅较短，学生们几乎都能背诵、默写下来。进入初二，篇幅越来越长，大部分学生在上半学期能够完成任务，一些学生背诵却表现得吃力，

我就要求学生们背诵、默写重点段落，加上适时的鼓励，效果不错。初二课程快要结束时，背诵效果不好的学生，应先熟读课文，然后在别人默写时再抄写一遍。这样，所有学生都有收获，不会让他们产生厌烦心理。

二、收集大比拼，注重知识积累

学生初学英语时，总是充满好奇。在他们刚入初中时，我留了一个作业：寻找身边的英语。学生发现原来身边有这么多的英语，如CD、WC、CCTV、KFC、NBA、taxi等。此外，我还让学生留意收集和摘抄生活中的英语。学生自由组合，3～4人结成小组，自己动手抄录所见所闻的英语，如Made in China（中国制造）、No Smoking（禁止吸烟）、No Parking（禁止停车）、No Swimming（禁止游泳）等。在讲到有关水果的内容时让他们收集水果的英语名称，在讲到有关职业的内容时让他们收集职业的英语名称，在讲到有关运动的内容时让他们收集运动的英语名称，这样的作业让学生感到英语是无处不在的，它与我们的生活息息相关，从中能够体验英语学习的意义和价值。

三、作业形式的多样性

（一）学唱英文歌曲

有些同学对唱歌情有独钟。学唱英语歌曲使他们有了用武之地。一方面，可由他们负责寻找适合学生传唱的英文歌曲；另一方面，可由他们来教大家唱这些英文歌曲。另外，在每节英语课前，我给大家放一首英文歌曲，每周一歌，一周下来，大部分同学基本上学会了这首歌。例如*If You Are Happy*、*Country Road*、*Take Me Home*、*Far Away from Home*、*Yesterday Once More*、*Take Me to Your Heart*等等，在每周班会上展示，学生们的兴趣很高。学唱英语歌曲丰富了课外生活，缓解了紧张的学习生活，提高了学生对英语的学习兴趣。

（二）写英语周记

为了练习学生的写作能力，除了让他们背诵课文和重要段落之外，我还鼓励他们动手写。每天一篇对于他们来说，负担比较重，就要求他们一周写两篇。形式可以多种多样。按内容大致可分为反思性、应用性、实践性和创造性四种。反思性英语日记主要是学生回顾某小节英语课后，写出自己学习英语的心得。这种日记可以用汉语或英语畅所欲言，各抒己见，写出自己学习英语的切身体验。应用性英语日记主要写学生根据课堂上学习到的句型和对话在模拟情景或真实生活中进行操练运用的过程。如学习了季节、气候和天气的单元后，可以写这些有关的日记。实践性英语日记主要写学生通过自己的亲身实践运用已有的英语知识解决与生活紧密相关的问题情况或搜寻到身边的英语信息、资料情况。生活处处皆英语，创造性英语日记主要是让学生运用所学的英语知识描述生活中的事物，如: To my mother、An interesting class、My hobby、My family、An unforgettable day、My pet、My friend等。

（三）编写英语手抄报

利用儿童节、教师节、妇女节、母亲节、圣诞节等中西方的传统节日，让学生自己制作英语贺卡。同学们订阅了英语辅导报刊和英语周报，他们脑袋里装了不少"好东西"。这些同学们非常喜欢把英语报刊中出现的英语智力竞赛题、猜谜语、学习小窍门、韵句和英文歌曲拿到学校与大家分享，遇到不懂的地方大家共同讨论解决，有些问题连教师也被难住了。于是我们要求学生查阅资料，分头解决问题，并编写英语手抄报，在同学中相互传阅。首先由我展示一张设计好的手抄报，分析排版设计思路，让学生模仿着先做一张，随后由教师向学生提供多种设计素材，让他们自行排版设计。编写英语手抄报通常需要3～5人分工合作完成，他们在制作过程中各显神通，想方设法查资料、上网、绘画、排版等，充分调动了学生们的积极性，设计出来的手抄报形式多样、内容丰富。

我们把编写好的图文并茂的英语手抄报贴在教室后面板报的醒目位置，让大家相互欣赏杰作，激发学生的成就感，巩固他们的自信心，提高他们学习的兴趣。

通过编写英语手抄报，学生获得了丰富的课外知识。这些知识超越了教材，超越了课堂，甚至超越了教师。不但使学生从中尝到了乐趣，还对他们的成长起到了很好的促进作用，连平时懒得动手、动脑的同学也跃跃欲试，小试身手。

（四）鼓励学生制作课件

现在的学生，离不开电脑。怎样充分利用好电脑？既是英语教师又是班主任的我，脑海中经常萦绕家长说的话："孩子总是离不开电脑，上网聊天、打游戏，怎么说都不听，急死人了。"教初一年级的时候，其中的一课提到了感恩节，我突然有所启发，学习语言应该一定要了解这些语言国家的历史背景、风俗习惯等等，这样他们学习的才不是"死知识"，才能对他们的阅读理解有帮助。于是，我鼓励他们制作课件。例如感恩节，可做的内容可以包括：它是怎么来的？为什么过这个节日？日期是什么？在节日时人们做什么？主要食物是什么？还有什么其他活动？有什么样的节日祝福语言？到了其他节日也是如此，圣诞节、万圣节、新年、母亲节、父亲节、劳动节、儿童节……文化背景了解了，到了初二，我鼓励他们制作电子贺卡，根据不同的节日，学生们把课件交上来，我在全班进行展示，同学们高高兴兴地欣赏，我从他们的脸上体会到了满足感。我还鼓励他们做一些单词的词义、词性、一词多义、兼类词的课件。在此过程中，同学们再一次重温了历史文化背景，又加深了人与人之间的合作交流，发展了他们的情商，也进行了德育教育。

四、巧留寒假、暑假作业

寒假、暑假这两个大假期，是学生进行调整的时期，在这期间，可以进行查漏补缺，预习新知识，休养生息。怎么适当地留假期作业呢？记得原来总是留一些抄单词、课文的机械作业，比较单调。我在初一的暑假时，留了一个特殊的作业：用一个新的笔记本，写你最喜欢的内容，可以是摘抄单词、词组、经典句子、歌曲、文章……你可以用彩笔画图案，以及设计版面，设计每一篇、每一页，开阔思路，展开联想，越精彩越好。同学们高兴极了，开学了，他们迫不及待地把作业本交了上来。我一看，他们做得非常好，异彩纷呈。有的每页都画着美丽的图案，夹杂着一首首英文小诗；有的写着满本的英文笑话；有的抄写的是单词、课文；还有许多英语名人名言、谚语；有一名同学甚至抄写了整整一本英文版的《双城记》……我从中体会到了他们在做作业时的用心，也感受到了他们"乐学"。这样的作业既能充分发挥学生的主观能动性、联系生活实际，挖掘教材以外的资源，使学生学得有趣、学得出色，又能使教师教得活、教得有特色。

五、效果评估

接任本届学生三年以来，我最大的收获就是学生一直都保持着对英语的兴趣。俗话说兴趣是最好的老师，即使进入初三，他们对课堂会话、游戏活动还是很感兴趣，即使成绩不好的同学，英语成绩在各个学科相比也是比较好的。而且最重要的是，学生们个个都很懂道理，很仁义，我给他们布置了有关母亲节、父亲节、教师节等相关的课件，他们在查找资料的过程中，不仅增长了知识，也得到了一次思想上的教育。

六、结语

教师必须承认差异，尊重差异，充分尊重每一位学生，信任每一位学生，不搞"填平补齐"，让每一位学生在不同的起点上获得最优的发展。从学生的实际出发，改变布置和批改作业的方式，设计有趣、活泼的作业，不仅能给学生带来无穷的乐趣，而且能为学生提供展示个性和能力的舞台，让学生在玩中学，在学中玩，在玩中感悟。

第二节　创新初中英语作业的形式促进
学生学科素养的形成

中小学生课业负担过重一直是许多人关注的话题，教育部也早就提出为中小学生减负。然而，课外作业却是学习过程中不可或缺的一个部分。对学生来说，做作业既能检验学生对当天所学知识的掌握情况，同时也是对所学知识加强巩固的一种有效方式；对教师来说，布置作业是检验教学效果最直接、最快捷的方式，教师可根据学生作业完成情况及时调整教学，以达到最佳的教学效果。因此，在减负和英语学科核心素养背景下，作业的设计是否科学、是否合理、是否有效、是否有利于学生学科核心素养的形成，对学生的学习效果和教师的教学效果起着至关重要的作用。

随着课改的不断深入，很多初中英语教师都在尝试采用新的教学方法和教学模式，学生的学习方式也在发生着变化。但是教师在作业的布置和作业的设计方面还存在如下的一些问题。①英语作业形式单一；②作业布置缺乏层次性、差异性；③听力作业、口语作业布置不足，且很难检查评价；④对作业的评价形式单一，主要还是以教师评价为主。

爱因斯坦说过："教育应使提供的东西让学生作为一种宝贵的礼物来享受，而不是作为一种艰苦的任务要他们来负担。"因此，针对以上英语作业布置存在的种种问题，我根据不同的教学内容和学生的个性及英语水平的差异，探索并尝试了如下的作业布置形式。

一、单词作业布置有新意

众所周知，英语学科单词的记忆一直是一个令许多学生头疼的问题，单纯地利用传统方法如拼读、抄写来记忆单词比较枯燥，而且效率不高。我尝试指导学生运用"创造性写作"来记忆和巩固所学单词，同时发展学生逻辑思维能力、想象力和创造力，提高学生写作能力。这是一项分层的作业，第一层：利用所学生词编写文段，绕口令或小故事。第二层：利用生词造句。第三层：选择重点生词造句或抄写生词。学生可根据自己的语言能力，自主选择完成不同档次的"创造性写作"作业。经过近一年的试验，取得了很好的效果。选择一档作业的学生数量在不断增多，所编故事或文段越来越长，文章内容丰富多彩，文中的错误越来越少，学生写作的质量越来越高。学生不但能够运用生词，而且能够有意识地、灵活地运用所学语法、词组或句型表达思想。学习能力强的学生说："这样的作业才有挑战性，通过编故事，我更加深了对生词的印象，而且知道怎么使用了。"对于学习困难生，他们可以自主选择适合自己的作业形式，减轻了过难的作业给他们带来心理的负担。我们还发现，通过这种方式的作业，学生的逻辑思维能力、想象力、恰当运用语言的能力有了显著的提高。

二、预习作业布置有挑战性

在学习每一单元内容之前布置预习任务，鼓励学生课外个人或分组借助书籍杂志、百科全书、互联网等查询收集有关资料，并互相交换和分享给全班，达到资源共享，这样满足了学生好奇求新心理，同时达到了对课文内容进行更好的了解，并开阔了学生的知识面，培养了学生多方面的学习能力。

例如，在学习北师大版八年级《英语》（下册）Unit 3 Lesson 9 *Thanksgiving*一课内容前，我为学生精心设计了周末预习任务：①感恩节的时间及历史由来；②感恩节传统的食品；③感恩节的庆祝活动；④学生感兴趣的有关感恩节的其他知识。周一上课前，学生交上了他们的预习作业成果，有的组完成的是一张英语小报，图文并茂，预习重点突出；有的小组以PPT形式向全班展示他们自己研究的成果。学生在完成作业的过程中，既丰富了课外知识，又培养了创新思维能力。课后最佳小报张贴在教室墙上，课间学生们津津有味地读着小报，教师的心里也感到特别欣慰。当然也有一小部分的作业不尽如人意，但也还是能感受到了他们的努力与进步。说实话，当我收到这么好的作业时，真的很感动，感动于学生天马行空的创造力，感动于他们高涨的学习热情。相信学生一定在查找资料的过程中再学习，相信他们一定在制作的过程中体会着英语的魅力，相信他们一定在完成的过程体验着合作的快乐，相信他们一定在完成作业后感到非常的自豪和满足。而我们教师要做的，就是给予指导、赞赏，让孩子们体验成功，收获自信和快乐！

三、复习作业布置引导学生形成学习策略

学生学习的每一学科都有其学科特点及学习策略，英语学习也不例外。在教学中教师要注重对学生英语学习策略的培养，在家庭作业方面也要着力加强对学生学习策略的引领。在每一单元学习过后，我指导学生先完成对本单元所学知识的归纳总结作业，然后再完成教材设置的*Check your progress*一课的巩固练习。一段时间过后，多数学生能够在学完每一单元之后，以学习档案或思维导图的形式，系统地总结本单元所学词汇、语法和主要句型。从学生的作业中我可以看出他们的逻辑思维能力、归纳总结能力在提升，形成了一定的、有效的英语学习策略。每学期我们会组织优秀学习档案展，看着自己精心制作的学习档案呈现在同学们眼前，学生的成就感倍增，更加激发了他们的学习动机和学习兴趣。

四、调查型、访谈型作业引导学生用英语做事情

陶行知先生认为：生活即教育。语言来源于生活，也将运用于生活。生活中处处有英语，有取之不竭的英语教育资源。因此，我们拓展学生作业的空间时，根据教学内容，把课外作业与学生的生活实际相结合，引导学生走向社会、走向生活，布置一些与学生生活有关的调查型、访谈型口语课外作业，引导学生用英语做事情。如：在学习了如何用英语表达喜好与厌恶这一话题后，学生学会了like doing sth. don't like doing sth.、love doing sth.、hate doing sth. 等句型后，我们为学生设计了一份调查表，要求学生调查自己家人或同学、教师的一些兴趣爱好，并在课上与同学交流调查结果。在课上展示环节，除教师评价外，还采取学生自评、小组互评的评价方式，学生的成果

得到了肯定或中肯的建议，他们学会了倾听、借鉴，开阔了思路，学习积极性就更高了，比学赶帮超的学习氛围逐渐形成。

五、听力、口语作业布置体现趣味性

随着信息时代的到来，学生英语学习的途径也越来越广泛。利用手机英语学习软件等都能学到纯正的英语。利用这些资源，学生在欣赏生动的画面的同时，感受地道、流利的英语，不知不觉中他们自己也就能够跟着说起来，学习英语的兴趣也因此被大大地激发，将学习英语当作乐趣、娱乐和自我充实的手段，最终使自己成为终身的英语学习者。寒假，我们就给学生布置了观看英文电影的作业，教师为学生筛选推介了适合他们年龄特点和英语程度的电影，学生根据自己的兴趣爱好选择每周观看一部。学生反映说很喜欢这种类型的作业，没有压力，又能在教师推介的影片中了解和感受西方人真实的生活情景和语言的真实应用，有的同学因此而爱上了英语学习。

又如，我们发现了几款很好的英语学习软件，如复习单词的"百词斩"，强化听力、口语的"英语趣配音""英语流利说"等。我们尝试着布置利用"百词斩"复习单词的作业，还有利用"英语趣配音"，每周完成一份英语趣配音口语作业并分享到班级英语学习群。

学生觉得利用"百词斩"记背单词轻松有趣，很好坚持。利用"英语趣配音"练习口语能够让他们在欣赏自己喜欢的电影或卡通片的同时，感受、体味、模仿到原汁原味的语言，令他们爱不释手，成就感倍增，原本每周要求周末打卡，但有的学生经常提前完成任务，还有的学生每周上交几份趣配音作业，他们说这样的作业让他们有想做作业的冲动。教师会在学习群里给予及时的鼓励、评价和反馈，以利于学生口语的进一步提高。学生之间也互相评价、取长补短、共同进步。我发现，通过这种形式的作业布置，使得学生自主学习能力逐渐形成。学生既享受学习过程，又骄傲于自己的学习成果。

英语课外作业设计是课堂教学中非常重要的一个环节，教师在布置作业前要先问一问：这样的作业是否是根据学生的不同能力、兴趣和个性特点来布置的？它是否能够激发学生的学习兴趣？它的数量和难度是否恰当？等等。

教师应在备课时精心进行作业设计，这不只是单纯地为了完成教学环节和任务，而是要充分体现核心素养理念，充分调动学生学习的积极性、主动性和创造性，把课外作业与生活实际相联系，激发学生的兴趣，体现语言的交际性，培养学生在用中学英语。教师更要尊重学生独立的人格、情感和意志，把自我实现的抉择权留给学生，从而确立以学生的发展为本的教育发展观，为学生终生学习奠定基础。

第三节　重过程评价，促学生发展
——初中英语形成性评价实践心得

教育部制定的《普通高中英语课程标准》（2017年版）基本理念中提出"普通高中英语课程应建立以学生为主体，促进学生全面、健康而有个性的发展的课程评价体系。评价应聚焦并促进学生英语学科核心素养的形成及发展，采用形成性评价与终结性评价相结合的多元评价方式，重视评价的促学作用，关注学生在英语学习过程中所表现出的情感、态度和价值观等要素，引导学生学会监控和调整自己的英语学习目标、学习方式和学习进程。"为了达到这一目标，唯有重视学习过程的评价，充分发挥其积极作用，使学生对英语产生浓厚的兴趣，形成积极的情感体验，学生的主体作用才可能得到充分的发挥，为用而学、学而用，学生运用英语的能力才可能在学习过程中逐步提高。

那么如何对学生的学习过程进行评价呢？形成性评价不单纯从评价者的需要出发，而更注重从被评价者的需要出发，重视学习的过程，重视学生在学习中的体验，强调人与人之间的相互作用，强调评价中多种因素的交互作用，重视师生交流。我在自己的教学实践中，大胆尝试形成性评价，积极创设英语学习环境，尽量使学生在近乎真实的情境中接受语言、感悟语言；根据教学需要，尝试采用多样的评价手段，适时对学生的学习进行评价；激发学生的学习乐趣，使学生获得成功的体验，使他们对自己充满自信；让学生知道，不仅期中、期末考试可以评价他们的学习，他们的平时表现也是学习效果的重要组成部分。通过教师、伙伴、家长及自我评价，也使学生反思自己的学习，明确自己努力的方向，不断调整学习策略，以促进学生综合语言运用能力的发展。在我的教学实践中，我尝试了如下一些评价方式，取得了令人满意的效果。

一、对学生听说训练的评价方式：听说情况反馈表

"听说情况反馈表"用于记录学生每次听说练习的对、错题数与重听的次数，还有学生感觉的难易程度等。该表由学生自己在每次听说练习后自行填写。教师可以定期检查学生的填表情况，并根据表上的数据与学生讨论其听说能力进步的情况和存在的问题，从而提出有针对性的建议（见表3-1）。

表3-1 听说情况反馈表

姓名：

日期	总题数	难易度	对题数	错题数	重听次数	出错原因	自我评价	教师评价

"听说情况反馈表"是学生进行自我评价的工具。在每次听说练习之后填表的过程中，学生通过统计对错、题数与重听的次数，对自己的听说情况有更清楚的认识；通过记录、反思、评价自己听说学习的效果，对比前后的数据，从而总结有效的学习方法，最终使学生形成适合自己的听说学习策略。

二、常规教学的评价方式：课前五分钟

学生可以个人，也可以自由组合来进行讲故事、唱英文歌曲、表演英语短剧、诗歌朗诵、猜谜语等活动。教师只提供课前的五分钟时间和学生要求

的一些帮助，学生表现的成功与否由同学们的掌声及各小组组长的评价决定。课前五分钟运用了学生的相互评价，虽然教师不给分，但学生从同学的反应中就可以知道自己的表现是否成功，在与其他学生或其他小组的对比中也可以看到自己的不足之处。这样一来，学生在与其他成员的合作中培养了大胆实践和与人合作的精神（见表3-2）。

表3-2 "课前五分钟"评价表

评价内容	E（好）	G（较好）	N（需要提高）
1. 学生准备充分，态度积极			
2. 用词用句准确、连贯，且达意			
3. 表情表达自然、大方，有感情			
4. 表演的内容自编，且有创意			
5. 与上次比较，有较大进步			

三、阅读与写作的评价方式：阅读报告

阅读报告用于记录学生阅读课外英语读物的情况。每篇报告包含五部分内容：题目、所用时间、读前的问题、读后收获、评语，（见表3-3）。

阅读报告改变了机械阅读，选择正确答案的训练方法，使学生重拾阅读的乐趣。学生通过看文章的标题，猜测文章的内容，决定自己是否选择读这篇文章，然后带着自己想了解的问题进行阅读，最后记下收获。评语可以由教师写，也可以由学生互相写。

表3-3 阅读报告

姓名：

日期	文章题目	阅读时间	读前问题	读后收获		自我评价	教师评价
				有用词汇	精彩语句		

四、学生课堂表现评价方式：课堂发言记录表

课堂发言记录表用于英语教学的每节课，由教师在黑板上以"正"字的形式记录每个学生的发言次数，以小组比赛的形式鼓励学生积极动脑、善于思考、敢于发言，积极主动地参与课堂教学活动。每节课评选出最佳表现学生和优秀小组，给予表扬。此项措施极大地调动了学生的学习兴趣，激发了学生的竞争意识，形成了比、学、赶、帮、超的学习气氛（见表3-4）。

表3-4　课堂发言记录表

	第1组	第2组	第3组	第4组	第5组	第6组
第1位同学	正					
第2位同学						
第3位同学		正	一			
第4位同学						
第5位同学						
合计						

英语主题活动评价方式：评价标准

每学期我都会组织一两次班级英语主题活动，如英语演讲比赛、英语讲故事比赛、英语课本剧比赛等，每次活动我都会制订评价标准，采取学生评价和教师评价相结合的评价方式选出活动优胜者，并给予表扬和奖励。如在疫情防控期间学生停课不停学的这段时间里，我组织学生利用"英语趣配音"软件，录制自己的配音作品，引导同学们通过此项活动了解新冠肺炎的常识，以及如何做好日常的防护，歌颂最美逆行者，提高热爱自然、保护野生动物的意识，并在微信英语学习群中召开了以"Show Myself"为主题的线上展示活动。在这个活动中，全班共分成五个小组，我选出英语能力强的五名小组长，他们同时作为每组的主持人负责帮助本组同学修改完善作品，并根据同学们的作品内容编写主持串词，展示时担任线上主持人。本次活动的评价标准如下。

优秀配音者评价标准：

语言：A.语音语调标准，语速适中　　　B.语言清晰流利

内容：A.内容健康　　　　　　　B.主题突出　　C.衔接连贯

表现能力：表现力强，对白富有感情，能够充分体现人物的性格特点和心理特征

创意：A.题材新颖，富有创意　　　　B.形式多样

难度：作品对配音者来说有一定难度和挑战

优秀小组评价标准：

①组织有力，按规定时间交齐作品、照片、主持词等材料。

②小组成员配音作品优秀，表现出色。

③组长主持词编写能突出配音作品特色，主持自然、大方、发音准确、语言流畅、有感染力。

五、综合学习过程的评价工具：学习档案

学习档案就是展示每一位学生在学习过程中所做的努力、取得的进步，以及反映学习成果的一个集合体。通常它以一个文件夹的形式收藏每个学生具有代表性的学习成果（作业、作品）和反思报告，以及教师的反馈和建议、学生的自我评价、小组成员的评价等。针对所教学生的特点，在设立学生综合档案的基础上，设立学生专题档案，如"写作档案""单词档案""阅读档案""听说档案"等。

初中英语教学中这些评价方式的应用，使学生提高了学习英语的热情，掌握了一些英语学习的策略，学习成绩有了一定的提高。从实践中可以看到，在中学英语教学中实施形成性评价的主要作用主要包括以下几方面。

（一）激发学生的学习动机和学习兴趣

形成性评价方式注重学生的主体地位，让学生有更多的决定自己学习的权利，并使学生放开了对结果过分担忧的包袱，重视过程，享受过程。例如，

在课前五分钟"阅读报告"和英语主题活动中，学生可以选择自己感兴趣的故事和主题，他们对这些活动投入了极大的热情。形成性评价鼓励学生进行自我评价和相互评价。看到自己的进步和同伴的赞赏都是学生学习的强大动力，这比教师给一个分数更有成就感。

（二）促进学生发展，反映学生的学习发展过程

形成性评价注重对学生学习过程的记录，真实反映学生的学习发展过程。一次测验或考试成绩不能充分展示一个学生的学习能力、情感、态度和策略等，但是通过学习档案，听说情况反馈和"阅读报告"等评价方式，教师可以更清楚地了解学生在英语学习各方面的情况与存在问题，也可以据此提出更详尽、更适合学生个体成长的建议，能更好地做到尊重学生的差异，因材施教。

（三）提高学生学习能力，增强自信心，调整学习策略

形成性评价不仅使教师更了解学生，也让学生更了解自己的学习。学生看到自己在学习过程中的每一点收获，增强了自信心。同时学会分析自己的不足，不断反思自己的学习，明确了努力的方向，不断地调整学习策略。这个过程就是学生自主学习、自主成长的过程。

（四）增强学生合作与参与意识，提高合作学习和与人交往的能力

形成性评价采用灵活多样的评价形式，鼓励学生、同伴、教师和家长共同参与评价，实现评价主体的多元化。学生在评价活动中学会相互学习、相互欣赏、取长补短，增强了合作与参与意识。

综上所述，学生对外语学习的兴趣和态度，在学习过程中的参与意识和参与程度，在双人活动和小组活动中的合作精神，学习中对异国文化的理解和跨文化交际的意识，在学习进程中的智力发展、综合素质，以及价值观的形成等，都是学好外语的重要因素，而这些因素是无法通过定量方式测定的，也无法在终结性评价中得以反映。因此，形成性评价的重要性就在于能够让学生认识自我，从而实现自主学习，自主发展。

第四章
不忘初心，方得始终

——教学经验总结

回顾几十年的教坛生涯，可谓几多感慨，几许欢歌。

我是幸运的，不仅身在一个团结奋进的集体，更是遇到了无数无私关怀与帮助我的领导和同事，遇到了对我的教学事业起到促进作用的教研员，她们不仅给了我快速成长的平台，还给了我一个充分展示自己的舞台。

几十年来，我努力争取并深度参与了几百次教研学习活动。2007年，我更是有幸作为第一批英语教师代表参加了教委组织的英国学习活动，40天的境外学习，开阔了我的眼界，提升了我的口语水平，更新了我的教学理念。2010年，我又将自己在教学过程中探索出的有效的英语教学法与燕山所有英语教师进行了分享交流。百余次的培训、研讨、做课、赛课、研究课，让我逐渐从一个学习者，成长为参与者、展示者，我在学习中不断反思实践，蜕变提升，道路虽然艰辛，但探索的过程让我收获了成功的喜悦，更让我感受到了为人师的幸福和为人梯的快乐。

一、引之以趣，寓之以乐

兴趣是最好的老师，提高孩子们学习英语的兴趣，让他们在快乐轻松的氛围中学习，是我一直为之努力的目标，多年的实践研究，让我有了新的突破。

2008年新初一的英语换了新教材，新教材不像旧教材那样用文段阐述主题，而是通过人物之间的对话来形成故事，又通过故事来揭示主题。这样的编排让教师们都感到茫然，无从下手。为了让新学期的教学工作顺利开展，我利用一个暑假，仔细研究了教材。通过反复研究，我发现整本教材都是以六个人物的故事来贯穿的，那么如何利用人物故事调动学生的兴趣呢？又如何才能让孩子们既掌握每课的知识点又能得到快乐的英语学习体验呢？思考之后，我决定把英语课堂变成"故事课堂"。我自费花了1000多元钱，将故事人物，以及与人物有关的东西制作成了不同的塑封图片，利用图片让学生扮演故事中的各种角色，进行口语交流。同时我还为每课都设计了思维导图，以图文并茂的方式给学生讲述课文。这样每学完一部分，学生很自然就会复述或讲述故事了，同时还能将故事淋漓尽致地表演出来。孩子们身临其境地获取英语知识，提高了学习的兴趣，扩大了词汇量，更重要的是大大提升了课堂的教学效率。而我的"故事教学法"也多次得到教研员谢老师的指导和盛赞，谢老师还多次给我提供了区级研究课的机会，并推动了"故事教学"经验在燕山的交流推广。

对教材的深入研究与挖掘，让我意识到，要想在教学上有更大的突破与提升，不仅仅需要披星戴月的辛勤付出，更需要静下心来诊断课堂、发现问题、反思实践，只有不断丰富自己，才能发展课堂，成就学生。

二、施之以理，授之以法

营造氛围、激发兴趣、循循善诱、提高效率，是课堂有效性的重要条件，也是对一名教师是否成熟的重要衡量标准，然而这不是我最终的目标。真正的好教师应该做学生成长过程中的引路人，把课堂还给学生，放飞思维，让学生发现学习的乐趣，并学会学习。为此，我开始积极探索如何提升学生的自主意识和自学能力。

我试着在课堂上做完阅读、完形后，让学生互相讨论，遇到不会的生词，学会猜测，说出理由，彼此补充，最后利用字典进行验证，分享之后，由学生来讲述做题的思路、新词猜测方法以及他们认为的好词好句。讲完后，其他同学在不同层次进行补充。遇到完形中一词多义、名词动用，学生们都会利用字典进行学习，查找多种词义并给出相应的例句。在教师的帮助下，学生们通过小组合作还能够把出现频率高的一词多义进行归纳整理。在自己查阅的过程，使得学生们对知识的掌握更加牢固，也让我意识到了英文字典在英语教学中的重要性。尤其最近几年，大量的新词在英语阅读中不断出现，英语教师只有充分利用英文字典才能应对新的英语学习形势。意识到这一点，我立刻让学生们每人准备了一本英文字典，课堂上随时查阅。这不仅扩充了词汇量，更提升了学生的自学能力。

教学相长，有了指导学生的成功经验，我又开始琢磨如何从自身的教学和传统的教学模式入手，探究一种更为高效的课堂教学形式。正在这时，学校的韩校长为初四的英语教师举办了西城教研活动。通过近一年的听评课活动，我对任务型阅读有了更深一层的理解。后来，在教研员徐老师的鼓励下，我在任务型阅读上做了如下尝试：打破以往5道题逐题做、每节课只能做3篇文章的教学模式，一下子给学生10篇文章，让学生舍去前四道从文中能直接找到答案的题目，只关注最后一道题，通过讨论分析，寻找题目规律，最后学生们发现最后一道题可以分成两类：一组问题是关于文章主旨的，另一组问题是关于文章细节的。

主旨题与阅读C、D篇的最后一题是息息相关的，只不过一个是选，一个是写。结合我们对阅读题图形法的训练，我对学生进行了再训练。

首先，再一次让学生读主旨题，关注文章的结构。主旨在开头总分结构中，先总说，再分说。主旨在结尾小故事见大道理。一段一个内容，把每段内容综合在一起，就是文章的中心。

其次，细节题：从语言描述中去寻找答案。教研员徐老师听课后，又给予完善，让学生们把课堂生成的东西写下来，学生们互相纠正答案中的错误。

最后，教师归纳整理，写在黑板上，让每一个学生加以关注。通过长时间的训练，不但阅读量激增，而且学生们还突破中考难点，很容易就掌握了文章主旨题和细节题的答题技巧。

成绩的取得离不开教研员的指导与帮助，2008年我在作文教学中出现了困惑，第一想到求助的就是教研员。因为徐老师家离我住的地方很近，所以每周三晚补后7点多钟，我就拿着一大摞学生写好的作文，到徐老师家和她一起看学生的每一篇作文，商量每篇作文的修改方法。每次批完最后一本作文的时候都到深夜11点了，但这样的交流和碰撞却每周一次坚持了整整一个学期。天道酬勤，经过我们的琢磨思考，在学生作文写作方面我们有了很大的收获。

学生习作班级集体修改：每篇作文我都和学生一起给出评批标准，之后我找出三份出现错误有代表性的作文让全班对照标准一起批阅，最后提出具体修改意见。通过三份作文的修改教给学生明确的修改方法，之后学生分别修改自己的作文，撰写第二稿。

学生相互修改：学生找出对方作文中的问题加以改正，同时记下别人好的开头、结尾、短语、句子，在修改自己文章时，加以运用。看到别人的优缺点之后，学生反观自己的作文，思考之后撰写第二稿。同学、组内、组间几轮交流互评之后，每个人的作文都比最初有了很大的进步。最后大家评选出写得较好的作品。这种方式，不仅留下了学生们的成长足迹，也使得我们在2008年的英语中考成绩优秀率、高分率、平均分均居燕山第一。

三、循之以章，应之以变

优异的教学成绩不是教师的全部，一个真正的好教师应该是专业的，必须要进行持续不断的研究，走"专业型教师道路"，以应对教育改革中的变化。

2020年9月我迎来英语中考改革后的新一届初一，英语考试制度发生了很大的变化，听力和口语力度加大。英语教材也再次发生了变化，课文内容都是全新的。虽然沿用故事教学法依然有效，但是教学之路不应是重复自己，于是我又开始探索如何创新。鉴于我校美术特色的优势，我开始尝试发挥学生的潜能——把原来的由我制作卡片变成学生自己动手画。课堂上，每当我拿出学生们的作品进行教学，学生们都非常兴奋，对故事情节很快就消化了，而且学新课之前，学生们都争着抢着画。我还将课本内容进行整合，由原来的以课为单位授课变成了以单元为单位授课，提高了课堂效率，强化了单元主题，密切了知识点之间的联系，学生掌握起来整体性更强了。另外，根据新形势下的中考要求，课本资源已经远远不够，于是我积极向在市里上学的亲戚、调走的好朋友了解最新的教育动向，借助外出参观的机会不断学习符合当下教育形势的教学方法。揣摩思考之后，我决定将名著阅读和话剧表演结合。我把这个想法与教研员进行了沟通，商量具体操作的方法，制订了初步的计划。之后，我们师徒二人利用双休日，走进图书大厦、外文书店，寻找适合我们学生阅读的英文名著。最终我们选定了《轻松英语名作欣赏》这套书。之后，我们开始了分阶段的学习——首先，学生进行10本书的阅读，做好句赏析、生词摘录。然后利用早自习和餐后，跟着录音模仿语音语调进行朗读，同时建立班级微信群，每晚模仿精彩片段，录音并上传，教师点评，学生互评。同时举办年级故事大赛。最后对自己喜欢的名著故事进行编剧、表演。我们还就此项工作申请了燕山科研课题。

另外，我们也让"盒子鱼"英语软件走进了学生们的学习中。首先徐老师和我们一起参加了"盒子鱼"的前期培训，之后学生也参加了在iPad中"盒子鱼"的使用方法培训。"盒子鱼"使用一个多月之后，学生们的语音、语调、听力都有了很大的提高，学习状态也由被动学习变成了主动学习，每天微信群中都有数百条微信，更让我们欣喜的是，有些同学甚至可以把整本书背诵出来。

微信上传故事录音和"盒子鱼"的使用不仅大大激起了学生们学英语的兴趣，锻炼了他们的口语水平，更为学生们提供了性格成长的平台，让他们敢于表达自己、表现自己，变得更加积极阳光。因此，无论是学生还是家长都对我们的这个举措竖起了大拇指。

看到学生们的成长，我感到欣慰，自己四处找书的奔波、一个个指导"盒子鱼"使用的辛劳、回家一边给孩子做饭一边听学生录音并挨个回复的繁忙等等，都是值得的。

四、心之以诚，促之以高

中国有句古语："独乐乐不如众乐乐。"教育教学不是一个人的事情，只有越来越多的教师会教课、会思考，我们的学校才会发展，我们的教育事业才能不断推进。作为一名有着二十多年教学经验、在教学中有所思所想所获的老教师，一方面，我必须要向年轻人学习，不断更新自己的教学理念；另一方面，我也有责任和义务将自己二十多年积累的一些有益的经验毫不保留地和青年教师交流，起到我作为一名骨干教师的引领和辐射作用。我先后带过六位徒弟，师徒相互听课、及时研讨是我们的日常工作模式。当徒弟要上区研究课时，我会先上示范课，手把手地指导，之后再请教研员指导改进，在不断的磨课、上课、反思研讨过程中，他们都成长得很快。丽丽、美琪两位教师参加"燕翔杯"青年教师课堂大赛时，我主动把我的资料都给了她们；美琪参加区级说课大赛时，多次来到我家，我俩进行面对面的研究和探讨，有几次都到深夜，就连她参赛的服装我也会想到。两位徒弟经过几年的历练，成长很快，同时我们也结下了深深的师徒情谊。

　　一个个细琐的故事就像一颗颗明亮的星星点缀夜空一般让我教坛生涯美丽璀璨。我是幸运的，教师这个职业给了我一个充分展现自我的舞台，一路耕耘，一路收获。但是一朵花的盛开不仅仅是种子的力量，更缘于泥土的滋养和风的吹拂、阳光的拥抱、春雨的滋润，感激各级领导给予我学习的机会、教研员在我成长路上为我拨云去雾，以及同行对我的包容与支持。在这样一个和谐的大集体中，相信我们每一位教师都会在教育的路上收获满满，信心百倍，不断攀登教育事业的一座又一座高峰，实现自我的人生价值。

第五章
北京教育学院初中英语
特级教师工作室研修成果

第一节　在小说阅读中提升初中生英语学科核心素养的行动研究

本节的研究立足于英语学科教学改革趋势，在前人研究的基础上，将课外阅读聚焦在英文小说阅读这一重要体裁上，以"在小说阅读中提升初中生英语学科核心素养的行动研究"为主题实施研究。希望通过研究，激发学生的英语阅读兴趣，培养学生的英语阅读习惯，引导学生掌握正确的英语阅读方法和良好的阅读策略，提高学生的英语阅读能力，让更多的学生热爱英语阅读，培养终身学习的习惯，为学生今后的英语学习打下坚实的基础，并探索在英语学科核心素养背景下，如何通过英文小说阅读教学提高学生的语言能力和学习能力，增强学生的文化意识，训练、开发和提升学生的思维品质，塑造他们积极向上的情感态度和价值观。

行动研究得出以下结论：教师通过课内外设计、实施一系列行之有效的学习活动，学生可以按照"封面图片预测故事—故事导图梳理故事—小组合作分析人物—不同视角分享故事—图文并茂再造故事"这样的思路阅读一篇英文小说，形成了有效的英文小说阅读学习策略。在不断的学习、体验、反思和提炼中，学生主动学习，独立思考，自主学习能力得到提升。同时在双人活动和小组活动中，增强了合作意识，体验了团队协作精神。在学生参与学习活动中，进一步加强对小说的理解，产生情感共鸣，内化语言，促进了逻辑性思维、创新性思维、批判性思维等思维品质的发展，学生的英语学科核心素养得到不断提升。

受时间、条件等因素的限制，这项研究仍然存在不足之处：如何根据不同题材和体裁的英文小说设计有效的学习活动？如何设计形式多样的阅读活动进一步提高学生思维的参与度？如何调动更多的学生参与学习活动？如何对学生在阅读学习活动中的表现进行评价？这些问题将是我们在今后的教学和研究方面要进一步努力的方向。

一、发现问题与提出假设

语言学习包括听、说、读、写等多方面的内容。其中，阅读是教师非常重视的一项内容，但学生的阅读能力又很难得到大幅度提升，如何提高阅读教学的实效性值得关注与研究。

（一）对教学情境和教学现状的描述与分析

《义务教育英语课程标准》（2011年版）要求，学生到初中毕业时能读懂供7～9年级学习阅读的简单读物和报纸、杂志，克服生词障碍，理解大意；能根据文本推断词义、找出主题、理解故事、预测情节或故事结局，能根据阅读目的运用适当的阅读策略；要初步了解英语国家的地理位置、气候特点、历史；尝试阅读英语故事及其他英语课外读物，课外阅读量应达到15万词以上。

在日常教学中，受传统教育模式的影响，特别是在中考"指挥棒"的影响下，学生阅读材料单一，所谓英语的阅读教学课，常常异化成以高强度训练阅读理解习题和高频率讲解阅读理解习题为主要教学内容的阅读习题课，学生的阅读行为存在很多不合理、不规范、不正确的现象。阅读对学生的自主学习能力要求比较高，在这个过程中，需要学生对阅读文本中的各种信息进行自我判断，从中提取有价值的内容，然而很多学生缺少阅读策略，出现拿着笔指着单词挨个推敲、死抠单词字面意思而不关注上下文语境等各种不良阅读习惯，严重拖慢了阅读进度，影响了阅读效果，不能借助阅读体验来帮助学生理解文本背后的深刻意蕴，难以激发起与文本的情感共鸣，从而不利于培养和提高英语阅读素养。

（二）发现的主要问题

造成以上问题的原因我认为主要有以下两个方面：在中考的"指挥棒"下，不少教师和学生依旧认为英语阅读课首先是学习词汇和语法，都过分看重考试、成绩，为考试而阅读或做好阅读题为了得高分，这使得英语阅读教学对文本的深层挖掘不够，对学生思维关注和培养不够，忽视了英语阅读的真正意义——阅读对学生情感态度和价值观的塑造，对学生鉴赏能力的影响和对学生的育人作用，而这些都是无法通过成绩来体现的。学生缺乏正确的英语阅读方法和阅读策略，需要教师指导学生有效阅读并通过英语阅读提升学生的阅读素养，进而在阅读的学习活动中培养和提升学生的英语学科核心素养，特别是提高学生的思维品质。

二、初步调查与问题确认

（一）初步调查分析

课题研究之初，我对我校2018届毕业生做过一次调查统计，被调查人数为116人。100%学生从6岁（小学一年级）开始学习英语，九年义务教育完成后，20%的学生小学期间通过绘本接触过小说阅读，初中教学期间教师也曾布置学生阅读小说简本，但只有5%的学生乐意并敢于开展阅读英文小说，大部分学生对阅读英文小说有畏惧心理。

其次，我又对69名2020届初一年级学生进行了调查，形式有"一对一"面对面访谈、微信信息交流、班级小组讨论。根据收集的信息，结合自己的教学实践，得出以下结论。

①学生喜欢参与英语阅读活动。学生所处学段的原因，多数学生更喜欢故事类英文小说，也有一小部分学生喜欢推理或侦探类小说。

②在阅读中部分学生存在生词障碍，阅读速度慢，逐字逐句朗读等不正确的阅读习惯。

③多数学生在阅读过程中只关注故事情节和故事表面的内容，缺乏对文章内容和人物的深层理解和分析。

（二）确定研究问题

以上问题分析验证了假设，我与课题组成员经过讨论提出：把课题题目定为"在小说阅读中提升初中生英语学科核心素养的行动研究"。研究的主要问题为：

第一，通过本课题研究，激发学生的英语阅读兴趣，培养学生的英语阅读习惯，根据不同学段和不同的阅读材料，设计形式多样的教学活动，指导学生掌握正确的英语阅读方法、形成有效的阅读策略，提高学生的英语阅读能力。让更多的学生热爱英语阅读，培养终身学习的习惯，为学生今后的英语学习打下坚实的基础。

第二，探索如何通过英文小说阅读教学活动设计，引导学生参与一系列形式多样的学习活动和任务，在阅读活动中提高学生的语言能力和学习能力，增强学生的文化意识，训练、开发和提升学生的思维品质，塑造他们积极向上的情感态度和价值观，培养和提升学生的英语学科核心素养。

三、研究的理论依据

（一）核心概念界定

1. 小说

以刻画人物形象为中心，通过完整的故事情节和环境描写来反映社会生活的文学体裁。

2. 英语学科核心素养

根据《普通高中英语课程标准》（2017年版），学科核心素养是学科育人价值的集中体现，是学生通过学科学习而逐步形成的正确价值观念、必备品格和关键能力。英语学科核心素养主要包括语言能力、文化意识、思维品质和学习能力。

（1）语言能力

语言能力指在社会情境中，以听、说、读、看、写等方式理解和表达意义的能力，以及在学习和使用语言的过程中形成的语言意识和语感。英语语言能力构成是英语学科核心素养的基础要素。英语语言能力的提高蕴含文化意识、思维品质和学习能力的提升，有助于学生拓展国际视野和思维方式，开展跨文化交流。

（2）文化意识

文化意识指对中外文化的理解和对优秀文化的认同，是学生在全球化背景下表现出的跨文化认知、态度和行为取向。文化意识体现英语学科核心素养的价值取向，文化意识的培育有助于学生增强国家认同和家国情怀，坚定文化自信，树立人类命运共同体意识，学会做人做事，成长为有文明素养和社会责任感的人。

（3）思维品质

思维品质指思维的逻辑性、批判性、创新性等方面所表现的能力和水平。思维品质体现英语学科核心素养的心智特征。思维品质的发展有助于提升学生分析和解决问题的能力，使他们能够从跨文化视角观察和认识世界，对事物做出正确的价值判断。

（4）学习能力

学习能力指学生积极运用和主动调适英语学习策略，拓宽英语学习渠道，努力提升英语学习效率的意识和能力。学习能力构成英语学科核心素养的发展条件，学习能力的培养有助于学生做好英语学习的自我管理，养成良好的学习习惯，多渠道获取学习资源，自主、高效地开展学习。

（二）主要观点论述

1. 英文小说阅读对学生发展的意义

阅读是成功习得第二语言的最佳路径。输入的语言材料越有趣、有关联，学习者就会在不知不觉中习得语言。英文小说阅读属于课本阅读之外的阅读，中外学者对课外阅读的重要性进行了大量的理论和实证研究。布拉升（Brush，1991。转引自王娟《关于英语课外阅读的文献综述》《文学教育》，2016年10月）谈到课外阅读时，认为它至少有四大优势：①学生有更多的自主性，包括材料的阅读方式和阅读时间等；②保证学生有更多接触外语的时间；③激起学生在校语言学习的更高的积极性和更大的动机；④对英语阅读课堂教学起着积极作用。他发现，课外阅读不仅有利于学生学好英语，而且对他们学习其他课程也产生了积极的影响。戴维斯（Davis，1995。转引自王娟《关于英语课外阅读的文献综述》《文学教育》，2016年10月）认为"课外阅读对课堂教学至关重要。它改善了阅读技能，培养了阅读能力，健全了学生的人格，提高了学业成绩。"可见，课外阅读是课堂教学的重要补充，能够促进学生形成良好的人格素养。

国内的学者也非常认同课外阅读的重要地位。章兼中、俞红珍认为："我国的中小学英语教学缺少自然习得语言的社会环境，听的输入渠道显得不够宽泛，语言的输入便更多地依赖于课堂教学，以及学生课外广泛而有效的阅读。"董亚芬引用诸多专家之言，强调英语教学应该坚持重视阅读的原则，她认为"广泛阅读及多读原著是学好外语不可缺少的条件"。刘润清认为："教师的外语教学与其他学科教学一样，要想真正掌握一门外语，需要大量的阅读，有独立的思维过程和分析总结过程"。

2. 发展英语学科核心素养的意义

《普通高中英语课程标准》（2017年版）将课程目标由原来的综合语言运用能力转向了英语学科核心素养，指出高中英语教学具有重要的育人功能，旨在发展学生的语言能力、文化意识、思维品质和学习能力等核心素养，落实立德树人的根本任务。英语学科核心素养的落地，为教师指出了英语教学要落实立德树人的根本任务。在这一大的背景下，小说阅读将更能发挥其对学生终身发展所起的重要作用。

在英语学习中培养学生的英语学科核心素养，有助于学生形成正确的价值观念及能够适应终身发展的必备品格和关键能力。思维品质首次被明确列为英语学科核心素养的要素之一。林崇德教授是我国研究思维品质的先驱，他早在1997年就明确了思维品质与具体学科能力发展的紧密关系。他认为，学科能力包括学科特殊能力、概括能力和思维品质。其中思维品质是学科能力不可或缺的部分，"任何一种学科的能力，都要在学生的思维活动中获得发展，离开思维活动无所谓学科能力可言。"就英语学科而言，思维品质应该体现学生在英语听、说、读、看、写等学习活动中所表现出来的思维的创造性、批判性、深刻性、灵活性、敏捷性。

基于以往的研究，我们发现小说阅读能促进学生的发展，而且可以有效地提升学生英语学科核心素养，其影响和益处表现在以下几个方面。

（1）提升学生的文化鉴赏能力

经典的文学作品以生动流畅的语言、匠心独运的构思，细腻鲜活地描写了丰满的人物形象和引人入胜的故事情节；穿越时代和地域，展现人类对于生命意义、友情、亲情、爱和人性等永恒主题的深刻追问。以经典文学作品作为阅读材料，可以使学生获得地道的语言输入，而这些文字更有一种直抵心灵深处的力量，激励着学生潜心阅读，开启心智，因此是使学生受益终生的精神财富。

（2）塑造学生的情感态度和价值观

初中生正处在人生观和价值观形成的关键期。在英文小说阅读课上，教师是学生思想品格的辅导员和引领者。在培养学生阅读能力的同时，我们更有责任去塑造他们积极向上的情感态度和价值观。英语小说中的故事和人物取材于生活，在吸引学生阅读兴趣的同时，也能激发学生的真情实感。学生在享受阅读的过程中真正做到"用心"去体会、去理解、去思考。我们在帮助学生解读他人的生活经历和情感态度的过程中，可以进一步鼓励学生在体验与联想中丰富自己的人生经历，把小说中珍惜友情、重视亲情、理解他人、感恩回报和尊重生命的人生哲理融入他们每一天的生活中。学生阅读的英文小说题材广泛，涉及人际关系、环境与生态、行为规范与法制、人物传记、历史、科幻等内容，这些丰富的、贴近学生生活实际的题材更能感染他们，也有利于教师利用小说中的内容激发学生改造世界的使命感和责任感。

（3）助推学生形成自主学习的能力

在阅读教学中，我们不断引领学生尝试各种阅读策略，如让学生参与各种实践活动，去理解故事、感悟情感、分析人物、对话作者、品味语言和分享体验。具体的课堂活动有阅读圈、小组讨论、诗歌创作、电影赏析、撰写读书心得、运用信息思维结构图等，在不断的学习、体验、反思和提炼中，培养学生主动学习、善于独立思考的能力。学生逐渐掌握了各种阅读策略，因此他们自主学习的能力不断提升。

3. 拟创新点

英文小说本身不能提升学生的英语学科核心素养，学生的语言能力、学习能力、文化意识，尤其思维品质的提升是建立在学生自己或群体深度学习基础上，而实现深度学习，关键在于为学生提供有效的学习策略，组织有效的学习活动。本次行动研究教师将聚焦于如何根据不同学段和不同的阅读材料，设计内容新颖、形式多样的阅读学习任务或学习活动，组织学生进行个体学习、同伴互助、小组活动相交叉的手段，促进学生的深度学习，以促进学生英语学科核心素养的提升，特别关注和探索推动学生深刻性思维、敏捷性思维、灵活性思维、创造性思维、批判性思维等思维品质不断提升的途径和方法。

四、行动方案及数据收集方法

（一）确定研究方案和研究计划

表5-1　研究方案和研究计划

研究过程		
研究阶段	研究内容	研究目的
第一阶段 确认问题，理论学习 2019年2月—2019年8月	学生前期问卷调查，部分学生访谈，学习理论和文献	教师对学生阅读素养现状调查；理论学习
第二阶段 制订实施方案阶段 2019年9月—2019年11月	梳理并分析学生阅读现状和阅读素养现状、学生的美术基础和能力，选择适宜的书籍	根据数据，分析现状，制订实施方案
第三阶段 实施阶段 2019年9月—2020年12月	各年级分别尝试小说阅读的教学实践，并对出现的问题进行分析解决。1~2名教师进行研究课展示，全员观课评课	形成切实可行的操作步骤，及时发现问题
第四阶段 结题阶段 2021年2月—2021年8月	整理分析研究数据，撰写研究论文和报告	固化成果，分享交流

第一阶段：确认问题，理论学习（2019年2月—2019年8月）

自2019年2月成立研究小组到2019年8月为研究的起始阶段，研究之初，利用调查问卷对69名研究对象进行了调查，对30名学生进行了访谈，通过上述途径了解在研究开始前学生阅读素养的现状。

①成立课题组，建立健全研究小组。

②开展相关教育理论和科研方法的学习培训。

③了解课题现状和发展趋势，搜集相关信息，完善课题方案。

④拟定课题实施操作方案，请专家指导，进行课题申请。

第二阶段：制订实施方案阶段（2019年9月—2019年11月）

①梳理并分析学生阅读素养现状和影响课外英文小说阅读效果的因素。

②综合分析结果确定研究主题并制订教学策略或活动计划，明确研究成果的形式：活动方案、学生作品、课例、案例和论文等。

③课题论证，撰写开题报告等。

第三阶段：实施阶段（2019年12月—2020年12月）

①各年级分别尝试进行英文小说阅读的教学实践，并针对出现的问题进行分析解决。采取集中学习、线上线下交流，小组分享、课例研究等形式，研究成果在本年级的教研活动中公开交流、研讨和推广。

②研究在英文小说阅读教学活动中提升学生的英语学科核心素养的方法与途径，任课教师做研究课。教师进行带题授课，并请专家诊断，提出改进建议。

③完成中期检查报告。

④课题组积累资料，进行相关数据分析整埋。

第四阶段：结题阶段（2021年2月—2021年8月）

①做好后续工作及数据的分析与整理。

②收集学生作品，教师作品，教师随笔或反思，健全研究过程资料。

③撰写课题结题报告、论文等。

（二）选择收集数据的方法及论证方法

1. 数据收集方法

本研究历时两年，计划收集多种数据，其中包括问卷调查、教学设计文本、个别访谈、学生感受、教师反思、质性数据等（见表5-2）。

表5-2　数据收集

数据收集方法	问卷调查（次）	访谈（分钟）	课堂观察	教学设计文本	学生感受	教师反思	质性数据
数量							

2.论证方法

采用行动研究法。行动研究过程是不断调整反思、再调整再反思循环往复的研究过程，贯穿于整个研究实施过程的始终。采用观察法、访谈法。研究过程中使用这些方法，通过课堂内外对学生的观察、找学生谈话、研究个别学生的反应等手段，发现实验过程中的得失利弊，以便于及时调整策略。

五、行动方案的实施

（一）课题实施的第一阶段

2019年2月进入研究准备阶段，至8月，我们搜集、整理了相关文献，撰写了开题报告，并于9月完成开题工作并制订了第一轮的行动研究方案。课题研究实施的第一阶段，在八年级尝试进行英文小说阅读的教学实践，并针对出现的问题进行分析解决。实施情况见表5-3。

表5-3　第一阶段实施情况

第一阶段行动研究方案实施情况			
项目	行动步骤	聚焦的核心素养要素	拟收集的数据
前期准备	选择阅读材料，确定阅读书目；对学生做前期问卷调查，部分学生访谈		问卷数据访谈结果
课内学习	教师设计问题链或表格引导学生初步理解故事梗概	语言能力文化意识	学生阅读反馈学生反思教师反思个别访谈
	教师给出关键词引导学生复述故事	语言能力思维能力	
	教师指导学生背故事、讲故事	语言能力学习能力	
	教师指导学生依托故事改编成戏剧，读者剧场	语言能力思维品质	

续表

第一阶段行动研究方案实施情况			
	教师指导学生依托所学，创作新的绘本故事	语言能力 思维品质	
课外巩固	学生朗读打卡	语言能力 学习能力	个别访谈 问卷调查
	学生讲故事、背故事打卡	语言能力 学习能力	

1.阅读材料筛选与初步阅读

学期初，我们从网上选择几套阅读材料，《轻松英语名作欣赏》《书虫》和《典范英语》放到班级的书架上，课下学生选择阅读。两周后我们与学生研讨，确定重点阅读书目《轻松英语名作欣赏》第一集和第二集。

2.问卷调查与分析调整

对八年级学生进行问卷调查，分析学生不同的兴趣以及参与方式，了解他们对阅读英语故事、看短剧电影、情景对话、故事剧表演、模仿朗读等形式的不同接受程度与建议，从而有的放矢地组织不同的英语活动。

3.阅读策略与学习活动促进学生学科核心素养的养成

英文小说本身不能提升学生的学科核心素养，学生学科核心素养的提升是建立在学生自己或群体深度阅读学习基础上，而实现深度阅读关键在于为学生提供有效的学习策略，组织有效的学习活动。在阅读教学实践中，我们尝试了如下的阅读活动：

（1）以问题链或表格帮助学生理解故事

教师根据英文小说的内容和文化背景，设计一系列的问题，引导学生通过回答问题、填写表格等形式理解故事梗概，以提高学生语言能力和文化意识。

（2）学生复述故事，加深对故事的理解

学生根据教师给出的关键词或在找到问题的答案后，把这些问题整合在一起，在此基础上做适当的扩展，把故事分享交流，锻炼学生的语言表达能力和比较低层的思维能力。

（3）学生背故事、讲故事

学生可根据自身英语水平和能力，选择背诵故事或稍做修改后讲故事，发展学生的语言表达能力。

（4）学生依托故事，创编剧本并以"读者剧场"的形式演出

学生根据所读故事，改编成英文剧本，分组、分角色排练短剧，班级内演出分享。此活动旨在发展和培养学生思维品质，提高学生的创新思维能力。

（5）学生依托所读故事，内化并迁移创新出图文并茂的新的故事绘本

此项活动极大地激发了学生英语学习的兴趣和热情，学生在完成任务的同时运用多种思维方式。学生利用发散性思维和创新性思维大胆创编故事，利用逻辑性思维使得故事前后连贯、合理发展、条理清晰，同时学生"插上想象的翅膀"，根据故事情节需要配以合适的插图，帮助读者理解故事，激发想象。通过此项活动，学生既学会了学习，又促进了学生思维品质的提升。

4.学生的学业成绩体现实践研究的效果

2020年1月至7月由于疫情防控，学生改为居家线上学习，但本课题中期仍然按原计划实施。学生阅读了*The Adventures of Tom Sawyer*、*The Life and Strange Surprising Adventures of Robinson Crusoe*、*The Three Musketeers*和*The Merchant of Venice*等几部小说。此时学生已进入中考冲刺阶段，学生阅读采取课下自主阅读，线上定期在微信学习群打卡，分享阅读心得和体会。

经过前期课外英文小说阅读的指导和训练，学生掌握了一定的阅读策略，语言能力、学习能力和思维能力等方面也有了一定的提高。在第一阶段的课题实施过程中，我们以英语学科核心素养的四项内容为目标，根据阅读材料特点和学生的实际英语能力尝试设计实施了一系列的课堂学习活动。在阅读学习活动中，学生掌握了一定的语言知识和语言技能，积累了一些有效的阅读策略，学生乐学善学、积极思考、自信表达。实践证明，英文小说阅读对学生的英语学科核心素养的几个方面有一定提升作用。

课外英文小说阅读对学生课内的学业成绩和学业水平也产生了一定的促进作用，在最后的中考中，我校学生学业成绩的各项指标在同类校中也名列前茅。燕山共有四所学校，我校为B校，我校实验班学生在中考中取得了不错的成绩（见表5-4），平均分和得分率都处于燕山第一位。

表5-4 2020年北京中考燕山英语总分

分类	人数	满分值	最大值	最小值	平均值	标准差	差异系数	得分率	鉴别指数
市整	77386	100	100	2	82.69	16.81	0.20	0.83	0.28
城区	45688	100	100	2	85.55	16.91	0.20	0.86	0.35
郊区	31698	100	100	2	78.40	15.71	0.20	0.78	0.37
燕山整体	419	100	100	15	82.16	15.52	0.19	0.82	0.34
分类整体	410	100	100	15	82.27	15.43	0.19	0.82	0.34
A 校	28	100	98	20	66.71	22.87	0.34	0.67	0.55
B 校	**77**	**100**	**100**	**65**	**89.23**	**8.78**	**0.10**	**0.89**	**0.21**
C 校	118	100	100	24	82.58	13.80	0.17	0.83	0.30
D 校	187	100	100	15	81.54	15.32	0.19	0.82	0.34

特别在学生中考阅读和写作方面，我校学生的平均分和得分率都明显高于其他学校（见表5-5）。

表5-5 2020年北京中考燕山——阅读回答问题+书面表达

题组	分类	人数	满分值	最大值	最小值	平均值	标准差	差异系数	得分率	鉴别指数
主观题	市整	77386	20	20	0	17.25	4.00	0.23	0.86	0.33
	城区	45688	20	20	0	17.27	4.32	0.25	0.86	0.35
	郊区	31698	20	20	0	17.21	3.47	0.20	0.86	0.30
	燕山整体	419	20	20	0	16.66	3.86	0.23	0.83	0.35
	分类整体	410	20	20	0	16.68	3.83	0.23	0.83	0.35
	A 校	28	20	20	0	12.88	6.75	0.52	0.64	0.78
	B 校	**77**	**20**	**20**	**13**	**18.05**	**1.72**	**0.10**	**0.90**	**0.17**
	C 校	118	20	20	0	16.83	3.49	0.21	0.84	0.30
	D 校	187	20	20	0	16.58	3.68	0.22	0.83	0.36

此外，中考阅读理解的C、D篇阅读、阅读回答问题和书面表达题主要考查学生分析概括能力、归纳总结能力、逻辑思维能力和推理判断能力等。我

校学生此种题型的得分率大大高于对比校的学生（见表5-6）。

表5-6　2020年北京中考燕山——阅读选择

分类	人数	A篇	B篇	C篇	D篇
市整	77386	0.94	0.88	0.66	0.52
城区	45688	0.94	0.91	0.73	0.59
郊区	31698	0.93	0.84	0.56	0.43
燕山整体	419	0.96	0.89	0.64	0.49
分类整体	410	0.96	0.89	0.64	0.50
A校	28	0.83	0.67	0.49	0.27
B校	**77**	**0.99**	**0.96**	**0.74**	**0.61**
C校	118	0.96	0.90	0.64	0.47
D校	187	0.96	0.89	0.62	0.50

以上表格中是2020年北京市中招考试中我校英语成绩与整个燕山和全市的成绩对比表，基于以上数据可以看出，我校始终坚持对学生阅读方法的指导和阅读能力的培养，学生的语言能力、思维能力和阅读素养有了一定的提升，在英语总分，阅读回答问题和书面表达，阅读C、D篇上，成绩明显超过燕山其他学校、各个郊区甚至全市的平均水平，基本水平与城区相近。

5.研究中发现的问题与反思

在第一阶段的研究过程中，教师尝试设计多样的阅读活动，指导学生掌握一定的阅读策略，在学习活动中提升学生英语学科素养的四维目标。而且，英文小说阅读课的开展对于学生中考学业成绩有一定的提升作用。经过第一阶段的实验，取得了一定的效果，但也发现了如下一些问题：

第一，在最初的阅读教学过程中，教师和学生比较关注阅读材料中的词汇、语法、朗读和故事内容，对文中的人物、故事所表达的深层含义和教育意义等挖掘不够深刻。

第二，在英文小说阅读教学的过程中，教师主导过多，造成学生自主学习时间很少，学生被教师"牵着鼻子走"，被动学习，缺乏独立思考的时间和空间。

第三，教师通过问题驱动帮助学生理解阅读材料的故事梗概，但有时问题的设计缺乏层次性，多是基于文本表层意思、引导学生获取事实性信息的问题，而这些问题基本不能调动学生的思维参与或学生的思维参与度很低。

第四，在复述故事的学习活动中，部分学生能根据问题或关键词讲出故事的梗概，但多数学生靠死记硬背，照搬文中的原句，归纳、总结和概括的能力很弱，所讲故事缺乏逻辑性。

第五，在依托故事改编成戏剧剧本和创编新的绘本故事这两类学习活动中，学生思维的参与度提高了一些，从学生的作品中也能看出，此类教学活动能激发学生英语学习的兴趣，提升学生的逻辑思维能力、归纳总结能力、想象力和创造力，但学生思维的深度和广度，以及学生的批判性思维能力还有待进一步发掘。

（二）课题实施的第二阶段

《普通高中英语课程标准》（2017年版）提出了指向学科核心素养发展的英语学习活动观，明确活动是英语学习的基本形式。学习活动的设计应以促进学生英语学科核心素养发展为目标，审视课堂教学设计的合理性和有效性，设计有情境、有层次、相关联、有实效的学习活动。针对第一阶段的问题，我们对下一阶段的实施方案做了一定的调整，依然延续在学习活动中发展学生的学科核心素养，但更加关注对学生学科素养中思维品质的培养，将研究的主要问题聚焦在"在英文小说阅读教学活动中提升学生的思维品质"。

1. 思维品质的内涵

思维品质也称智慧品质，指思维能力的特点及其表现。人们在思维活动过程中表现出不同方面的特点及其差异，就构成其思维品质。思维品质是指智力活动中，特别是思维活动中智力与能力在个体身上的表现，其实质是人的思维的个性特征。思维品质是区分一个人思维乃至智力层次、水平高低的指标，主要包括深刻性、灵活性、创造性、批判性和敏捷性五个方面。

深刻性是指思维活动的广度、深度和难度，这方面表现为学生会在智力活动中深入思考问题，善于概括规律，逻辑抽象性强，善于透过现象抓住事物的本质和规律。灵活性是指思维活动的灵活程度，这方面表现为学生概括—迁移能力强，善于举一反三，善于综合性分析、全面思考和解决问题。创造性是指思维活动的创新精神，这一方面表现为学生善于发现问题并创造性地解决问题，创造性可以说是思维的最核心的能力。批判性指的是思维活动中独立分析和批判的程度，其实质是思维过程中自我意识作用的结果，比如反思、自我监控、元认知等，能够不断提升我们对客观世界和自身的认识。敏捷性反映了智力的敏锐程度，即我们通常所说的反应快慢，敏捷性的学生思维活动正确而迅速。

思维品质的五个方面是相互联系密不可分的，"深刻性是基础，灵活性和创造性是在深刻性基础上引申出来的，灵活性和创造性是互为条件的，灵活性是基础，创造性是发展。批判性是在深刻性基础上发展起来的，只有深刻的认识、周密的思考，才能全面而准确地做出判断，只有不断自我批判，调节思维才能更深刻地揭示事物的本质和规律。敏捷性是以其他四个品质为必要前提的，又是四个品质的具体体现。"综合起来看，思维品质应该是教育的重要目标之一。

《普通高中英语课程标准》（2017 年版）对英语学科中思维品质的定义则更为聚焦：思维品质是指人的思维个性特征，反映其在思维的逻辑性、批判性、创造性等方面所表现的能力和水平。思维品质体现了英语学科核心素养的心智发展，其发展有助于提升学生分析问题和解决问题的能力，帮助学生从跨文化的视角观察和认识世界，并对事物做出正确的价值判断，促进学生的深度学习。

2. 调研结果及实施过程

2020年疫情过后的秋季学期，因我所带的九年级学生已毕业离校，新学期开始，我迎来了刚刚踏入中学校门的六年级的学生（燕山采取"五四"学制）。首先，我对本年级学生进行了问卷调查（见图5-1～图5-6）。调查采用无记名方式，要求学生独立、客观地答题，表达最真实的想法和意愿。共发问卷96份，实际收回有效卷96份，回收率为100%。其中男生54人，女生42人。调查数据显示：除教材外，读过其他英语读物的学生数占总人数的30%，说明在小学期间大多数学生没有接触过英语课外读物。非常想读和想读的同学占到总人数的75%，说明学生对英语课外阅读还是非常感兴趣，从六年级进行英语课外阅读的训练是可行的。

你想阅读英语课外读物吗?

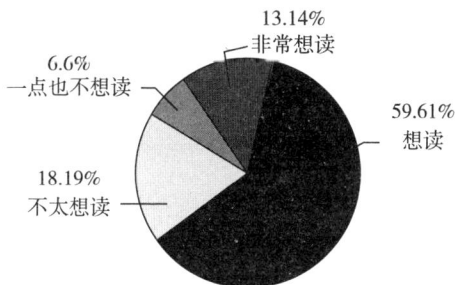

图5-1

除教材外，是否读过其他英文读物?

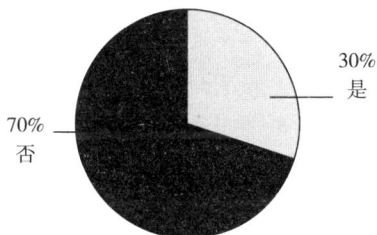

图5-2

《闲不住的宝宝》和《洗衣机"超人"》更想读哪本?

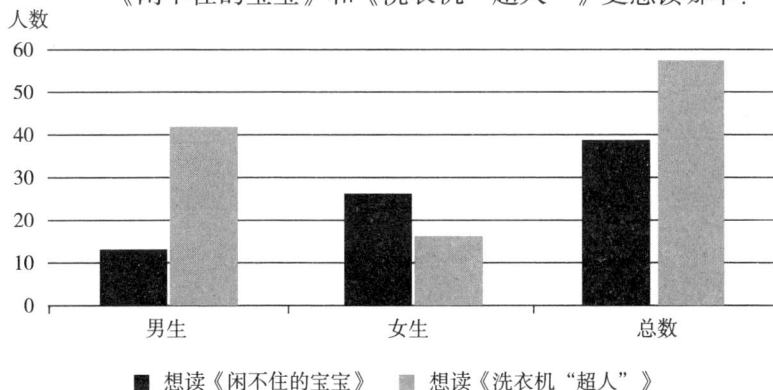

■ 想读《闲不住的宝宝》　■ 想读《洗衣机"超人"》

图5-3

以上读物读完预计所用时间？

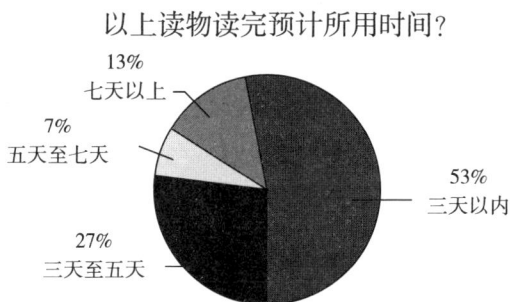

13% 七天以上

7% 五天至七天

27% 三天至五天

53% 三天以内

图5-4

你喜欢哪种阅读方式（可多选）？

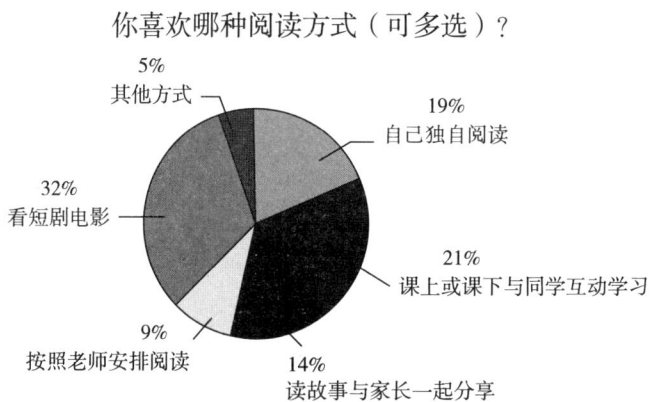

5% 其他方式

19% 自己独自阅读

32% 看短剧电影

21% 课上或课下与同学互动学习

9% 按照老师安排阅读

14% 读故事与家长一起分享

图5-5

你想从英语课外读物中学到什么？

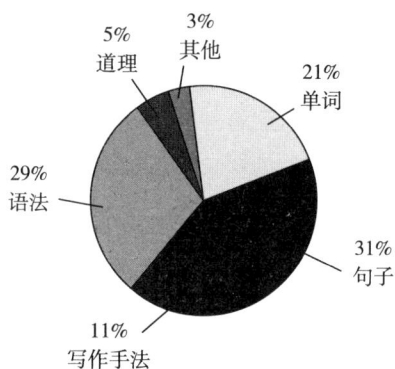

5% 道理

3% 其他

21% 单词

29% 语法

31% 句子

11% 写作手法

图5-6

我们调查结果调整了阅读书目，选取外语教学与研究出版社《阳光英语》英文小说绘本作为本学期的阅读材料。在第一阶段学生按照编者编定的一套书的顺序阅读；在研究的第二阶段，根据学生的年龄特点和英语水平，并结合对学生所做的前期调研，我把六年级上下册书目进行了整合，选择以故事类英文小说开始本学期的阅读教学实践与研究，科普类小说放到七年级再读，这样有助于学生不断强化故事类英文小说的阅读方法。课题研究在这一届学生中继续开展，对于他们来说，小说阅读是一个全新的开始。

实施情况如下。

第二阶段行动研究方案实施情况			
项目	行动步骤	提升思维品质	拟收集的数据
前期准备	整合《阳光英语》上下册书目，集中进行故事类绘本阅读教学		访谈结果
课内学习	问题设计的层次性引发学生深度思考	深刻性 敏捷性	学生反思 教师反思 个别访谈
	通过题目和封面预测故事，引发学生大胆想象	深刻性 创造性	
	思维导图制作，引导学生学会概括与总结	深刻性 创造性	
	不同视角讲故事引发学生深度分析和想象	创造性 批判性	
	再创造英文绘本培养学生概括迁移能力	创造性 灵活性	
	通过回读和反复读加深学生的深度理解和思考	深刻性 批判性	
课外巩固	1. 反复阅读，加深理解 2. 在反复阅读的基础上，不断完善故事导图，再创作英文绘本	深刻性 灵活性	个别访谈 问卷调查

3. 行动研究实施效果

在本阶段行动研究实施过程中，教师围绕思维品质的培养积极开发新的教学方法，并取得了良好的效果。以下一一介绍。

第一，根据英文小说绘本的题目和封面图片预测故事，引发学生大胆想象，培养学生思维的敏捷性和创造性。

低年级英文小说绘本的封面图文并茂，告诉读者书名、作者及出版社等基本信息。更重要的是图片是对故事内容预测的重要来源，同时还能够激发读者的阅读兴趣，引导读者关注故事内容。在教学中我们尝试引导学生在阅读前根据题目和图片预测故事的主要内容。这一部分和以往教学比做了很大的尝试，以往课本教学都是老师引领学生去学习，教师提问，让学生回答。我们最大的担忧是六年级学生不知道如何提问，词汇量不够，但我们也想给学生们更大的空间去自主学习，在课外阅读中进行自主学习的尝试。

在上英文小说阅读课之前，我们已培养学生利用课本（北京版六年级）的课文先进行锻炼、尝试。每节课都让学生根据图片先预测，不会说英文，就先说中文。教师告诉他们怎么说，学生能用英语提问，但逻辑不清晰，这时教师引导学生如何在能用英文提问的前提下思路清晰地提问。经过一段时间的训练，学生在预测内容上有了很大的提升。我们又把这一段的训练与课外阅读相结合，让学生拿到一本英文小说根据题目和图片逻辑清晰地预测故事，学生们有了很大的进步。

例如，在阅读*Letters for Mr. James*这本书之前，我让学生先观察本书的书名和封面图片，小组讨论提出问题：Who is the gentleman? Is he happy? What happened to him? 引发学生思考、预测故事情节。学生纷纷猜测故事内容。

有的说：The post woman sent letters every day. The old man opened the mail box to find letters but nothing in it. He was very sad.

有的说：The old man had a daughter. She lived and worked in the city. She was very busy. And she didn't have time to write letters to her father and her father was worried about her and expected her letters every day. But the post woman sent letters every day. There were no letters for him. He was very upset. 学生根据本书题目确定故事主要人物Mr. James和与letter相关联的事件，并通过分析图片所传达的信息mailbox、人物的面部表情等，汇总所有信息，加工推理出自己对故事的预测。

　　第二，指导学生制作故事导图，引导学生学会概括与总结，提升学生思维的深刻性和创造性。

　　在教师问题的引领下，让学生用故事导图的方式对文本进行获取与梳理、概括与总结。绘本故事的编写设计者，是通过故事给学生们讲述自己的思想、人生的道理，渗透社会生活的方方面面。学生不会思考是体会不到作者的意图的。所以我们对故事又强化了问题引导，引导学生思考。学生在预测与思考之后，教师根据故事内容提出一些深层面的问题，在教师问题的引领下，学生用故事导图的方式进行获取与梳理、概括与总结。同一个故事，学生的导图各异，可以看出学生思维的独立性、思维的多样性和逻辑性在逐渐形成，在学生对文本的思考和加工的过程中，他们的逻辑思维、归纳总结等方面的能力得到锻炼，学习效果有了明显的提升。

　　寒假期间，我们给学生布置了《沙地寻踪》《洗衣机超人》《沙漠之舟》《冰山探奇》四本书的阅读任务。以《沙地寻踪》为例，开学后我收上学生们做的故事导图，发现很多学生的导图看上去很美观，但缺乏学生的深度思考和总结概括，只是抄写原文而已。开学后，我跟学生进行了第二次阅读，教他们看文体，抓文章的结构。这个故事是一个"总—分—总"结构，我先总体介绍足迹，让学生读这部分，分析在这部分到底讲了什么，边读边思考，最后总结出文中所讲的足迹在哪里，什么时候是观看足迹的最好时间。在分说部分，我让学生先总结大意，他们能总结出这部分讲了五种足迹的动物。我又让学生继续阅读这五部分有什么相同之处，学生边读边讨论，最后能分析出五种足迹动物的代表动物、它们足迹的特点及成因。在最后总说部分，学生能总结出作者倡议读者去大胆寻踪，发现真相。在带领学生梳理的过程中，我看到了他们的思考在深入，思维在发散，概括能力在提升，再次做出的故事导图结构鲜明、内容精炼，无论在图形建构上还是在内容上和第一次相比有了大大的改观。

　　之后，通过从整体→局部→再分析→再整体的过程，又进行了这本书的第三次阅读，问他们又有什么新的发现。阅读思考后，有学生说在总结完每类动物的代表动物的足迹特点及成因之后，发现这类动物足迹的特点是共同性的。比如对于鸟类动物的足迹，他们总结出这类动物的共性：clean、deep、big、They have four or three toes。还有的学生说，有三个脚趾的鸟类动物的足迹像箭头、叉子，有四个脚趾的鸟类动物的足迹像树枝，等等。学生们用故事导图对这个故事进行了第三次梳理。在教师指导和引领下，经过三次阅读之后，学生对文章的理解加深了，也更明确了故事导图的制作方式和重要作用。学生感受良多。

我欣喜地看到，每次梳理的过程都是学生思维深入和提升的过程。最后还有的学生通过阅读提出了很多有趣的问题，比如：在第一类长着蹄子动物的足迹中，介绍了三种动物（马、骆驼、牛），学生提出：为什么骆驼的脚印不如马和牛的看着清晰呢？他们对此进行了深度分析。最后还有学生写了关于这本书的好书推荐，并有几名学生对此话题很感兴趣，课下查阅资料，研究更多动物的脚印，并写出浅显的"研究成果"介绍给同学们。

第三，教师优化课堂提问，设计多层次的问题，引发学生深度思考，提升学生思维的深刻性和敏捷性。

在教学实践中，教师要善于发掘一些新颖的、有深度的问题，以此激发学生强烈的好奇心和求知欲，启发他们能够有自己独特的思考及见解，让学生在探索和思考的过程中得到思维品质的提升。按思维层次分类，课堂提问的问题可分为低层次思维问题和高层次思维问题；按思维程度分类，有知识、理解、应用、分析、综合和评价类问题，而高层次的分析、评价、综合类思维的问题更能启发学生的思考，激发学生的兴趣。

例如，在阅读*A Magician's House*这本书时，学生们自读梳理出故事的梗概之后，找出了整个故事的关键词surprises，并制作出故事导图。

接着我设计了如下的问题：

①Are there many things in the house?

②Which room is the mirror in?

此类问题学生通过识别能力即可从文中直接找到答案，但思维参与度很低。

③What kinds of things surprise you in the room ? How do they surprise you ?

④Do you think the house is magic ?How do you know?

此类问题为基于文本的低阶思维活动，学生通过阅读、查找和简单的分析才能得出答案。

⑤What do you think of this house ? Do you want to rent it? Why or why not ?

此问题为基于文本的思维活动，学生要通过阅读、理解、分析、综合和评价等不同程度的思维过程，才能给出答案。

⑥What other magic rooms can you imagine in the house? What surprising things will be in it?

此问题为超出文本的高阶思维活动，学生结合实际生活，大胆发挥想象力和创造力，将想象应用于自己的设计。

在此次阅读中，学生通过一步步找寻问题的答案，思维在不断加深，不断活跃，想象力、创造力跃然纸上，描绘出很多让人难以置信的魔幻的房间。

第四，指导学生以不同视角讲故事，引发学生深度分析与想象，提升学生思维的批判性和创造性。

不同视角讲故事就是让学生们以第一人称的口吻变个花样给故事中的每一个主人公做概括，是在阅读基础上迁移故事，促进学生对故事深度、广度的理解。以不同视角讲述英文小说绘本故事，是专家指导下新的尝试。

例如，对于*Letters for Mr. James*一书，在深层阅读阶段，我引导学生关注故事中人物的态度和行为，分析和评价Mr. James前后的感情变化。描写Mr. James没有收到信时，用了人物语言 "I never get any letters" "Never! Never! Never! "以此表现他的伤心、绝望、孤独，以及期待别人的关爱；描写人们传递Mr. James遇到的情况时，通过不同人物重复的动作和表达人物情感动作的词汇，体现出人们虽然互不相识但都很关心理解他，并努力帮助他；描写老师和学生们给他写信时，用了大量的形容词，并通过对比的手法，表现出学生们写的各种形式的充满关心与友爱的信；描写结局时，用了Mr. James和女邮递员的对话：They can't be for me, I never get any letters.表现出Mr. James惊喜、激动和难以置信，以及邮递员的高兴及兴奋。通过学生自己读、小组碰撞来体现主人公情感变化曲线图，探究这个故事的主题意义，进一步开发他们思维的深度、广度、批判性思维和逻辑思维的能力。学生很自然生成：never gets letter——gets letters、expecting——exciting的变化过程。

最初，不同视角讲述英文小说绘本故事对学生的挑战非常大，学生不知道怎么讲。其实那时教师也有一些茫然，觉得学生水平有限，又有语言、年龄认知限制，不敢放手让学生去尝试。不过绘本故事情节简单，语言生动易懂，根据六年级学生年龄尚小，但思想活跃，大多数学生乐于想象的特点，我尝试让学生插上想象的"翅膀"，给故事中的人物添加一些特点或经历，使得人物更加丰满，比如文中的老师、Mr. James等人物的内心变化、生活经历、情感变化等。

随着年龄增长，许多学生就不愿意去思考这类问题了，所以把握住学生们成长的这段时期大胆尝试也是很必要的。为了降低难点，我准备了本书中六个人物的不同视角讲故事。在试讲过程中，我以Mr. James为例，给出了模板，但学生们还是不太会讲。经过观察和反思，我感到给学生提供的范例还是太难，语言过难、过复杂，不符合学生的认知。所以我又修改了范例的故事，让语言更接近于孩子们的能力和思维水平。在第二次试讲中，许多孩子理解并尝试去做，虽然语言没有那么的丰富多彩，但有了一些体验（教师的示范作用非常大），而且做到了关注故事的特点，增加的内容丰富，思路清楚。为了不受语言基础、年龄认知的限制，我又把全班学生分成若干个小组，让每一个小组去创编不同人物不同视角讲故事，充分发挥他们的想象，越离奇越出乎意料越好，培养学生创新的能力，一人一句，让故事变得更加丰满，同时也降低了一个人讲故事的难度，自己想不到的，同学们可以互相补充。下面是同学们写下的不同视角故事（见图5-7）。

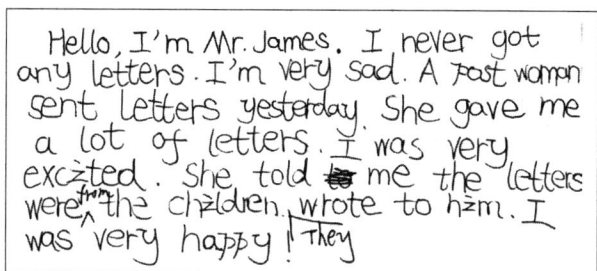

Hello, I'm Mr. James. I never got any letters. I'm very sad. A post woman sent letters yesterday. She gave me a lot of letters. I was very excited. She told me the letters were the children wrote to him. I was very happy! They

图5-7

同一个故事，演绎出不同的导图，创编出不同视角的故事；同一个课堂，同学们有不同的收获；同样的45分钟，同学们有了不同的感悟。这节研究课后，我对学生进行了问卷调查和访谈，访谈的问题如下。

Q1：你喜欢绘本教学这种上课模式吗？为什么？

Q2：你喜欢整本书教学活动中的哪个环节？为什么？

Q3：上完这节课后，你最大的收获是什么？

Q4：对于老师的这种绘本教学模式，有什么意见或建议？

Q5：对于不同视角讲故事环节你最初的困惑是什么？

对于问题1学生的反馈结果：共36人参与课后反馈，其中35人喜欢绘本教学这种上课模式，1人认为还可以。喜欢的主要原因：①这种教学模式，有趣精彩，不同于常规课本教学，教学内容生动灵活；②这种教学模式，锻炼了学生的口语表达能力，可以充分发挥学生的想象力；③这种教学模式，可以培养学生的团队意识，增加了小组交流合作；④这种教学模式，在学习了大量的好词好句的同时，也锻炼了学生的胆识。

对于问题2学生的反馈结果：不同视角讲故事25人，故事导图7人，分析人物情感变化4人。喜欢不同视角讲故事环节的主要原因：①根据对故事的内容和自己的理解来进行不同视角讲故事，可以发散思维和培养学生的想象力、创造力，让故事的情节更加丰富；②通过上台演讲，锻炼自己的口语表达能力和语言组织能力，也锻炼了自己的胆量；③具有挑战性，通过小组合作的方式，增加了讲故事的乐趣，在相互讨论中可以相互学习，取长补短。喜欢故事导图环节的主要原因：使文章更加清晰、简练、有序，更好地概括文章，使学生的逻辑思维能力得到提升。

对于问题3学生的反馈结果：①学会了用第一人称进行不同视角讲故事；②学会了用故事导图来更清晰简单地概括文章；③学会了一些新的知识如单词和句型，口语表达能力大大提升；④通过讨论和演讲等，锻炼了自己的胆量，体会到了同学间的相互帮助、互相促进；⑤读懂了故事中传递的情感，懂得了生活中应该学会传递爱与温暖。

对于问题4学生的反馈结果：①在演讲后应该有一个小组的优胜评价；②在制作故事导图和不同视角讲故事两个环节中应该提供更多的时间；③在时间分配方面应该更加充分关注到每个组所用时间的差异，再安排相对应的任务；④在不同视角讲故事完成后，最好再绘声绘色地讲故事。

对于问题5学生的反馈结果：①不知道什么是不同视角讲故事；②在不同视角讲故事中需要用到的一些词汇不知道应该怎么表达，不知道怎样进行语言组织，不知道如何将自己的感受添加到故事中；③不知道怎么进行不同视角讲故事，怕出错、不敢讲。

第五，通过回读和重复读加深学生的深度理解和思考，培养学生思维的深刻性和批判性。

重复阅读是指反复阅读一篇文章，直至达到一定的速度和理解程度。这主要是从每分钟读多少单词，以及对课文的理解程度来看的。有一种标准认为每分钟读200个词并且理解程度能达到70%比较好。重复阅读能够增强学习者对单词和词组的认知，从而加强阅读的流利性和理解程度。重复阅读还可以帮助学生提高阅读水平，使学生由准确但非自动化的程度提高到准确并且自动化的程度。道豪尔（Dowhower）认为重复阅读训练能够提高学生的阅读速度、准确性、理解能力等。

回读和重复读能够加深学生对小说的理解深度，并引发学生深度思考和分析。以英文绘本故事《冒失虎闯派对》（*Sloppy Tiger and the Party*）的课堂实录为例。

学习活动一：

T: How did Lily feel?

S1: She was sorry to Jim.　S2: She was helpless.　S3: Lost her face.　S4: Very surprised.　S5: Embarrassed.

T: Just now，one of you said she felt very surprised. Was she really surprised at the sloppy tiger?

S: On page two.

T: Read again and try to find out the answer and then discuss with your partner.

S1: Promise you won't be sloppy/grinned/nodded.

S2: Always does that and he's always sloppy.

S3: But he loves parties so much.

S4: Couldn't leave him at home.

S5: Look at the picture. The tiger wore Lily's shoes/broke the powder box/dressed up herself，very sloppy.

在教学的这个环节，教师让学生去评价Jim和Lily两个人物时，学生都会说出八个形容词，老师再让学生回读，带着这些词回到原文当中去找证据，培养学生用文中的事例来支撑他的观点的这种有逻辑的表达习惯，这是基于证据的阅读，是尝试发展学生思维能力的好方法。

引导学生对这个故事一些关键情节回读，带着不同的任务和第一课时结合起来做梳理，引导学生思考：文章的第一部分Lily带着小老虎去参加聚会之前，Lily预期是什么？聚会上发生的一系列事件是在她预料之中的还是她预料之外的？这样整个切换了一个角度，学生重新去回读开头，学生就有非常多的生成，学生回归文本从语言中找依据，还有的同学发现绘本的配图给了他启示，这样绘本资源也运用到了极致。这个过程中教师关注学生对问题的思考和回答，有创新、有突破、有亮点。

学习活动二：

T: Lily wasn't surprised. What do you think of her decision?(discuss)

S1: Lily was very kind because she couldn't leave the tiger's home. She loved the animals very much.

S2: Lily was very selfish. She knew the tiger was very sloppy but she took him to the party .

S3: She spoiled her tiger.

S4: On the other hand, she didn't think more about others.

此环节通过教师的追问引发学生深度思考和思辨，培养学生批判性思维和创新性思维。在引导学生谈论对人物的评价时，学生就是在运用批判性思维，当然这种判断不是只说人物的好与坏，而是要学生把自己对这个人物的评价说出来。学生经过思考后对Lily的很多评价都是我事先没有想到的，思维能力和思维广度令我震惊。同样一件事，明知道老虎不可能做到不冒失，Lily还带着他去party，就对这一个点，不同学生有不同的观点，比如从老虎角度来看，学生们会说：Lily was kind /friendly/warm-hearted，因为她明知道这样还带着老虎去会出现麻烦。有的学生还说：Lily spoiled her tiger because she couldn't leave him at home。但是从别人的角度来看，从Jim或者其他参加聚会的同学角度来看，学生们会说Lily was selfish，因为她自己明知道小老虎会在Jim的聚会上做一些冒失的事情出来，她还把老虎带去。这些评价都反映了学生的深度思维活动和他们对事物的看法及他们的价值观。

教师设置这样的环节也是引导学生从不同角度看问题，就同一个问题，出发点不同，多角度去思考都有道理，引发学生多角度思维，培养他们发散性思维、批判性思维能力。从学生的回答可以看出学生已经初步具备深度思维、批判性思维的能力。在这个地方教师停下来让学生分享各自不同观点，然后做总结，学生看到这个故事当中一个事实一个句子，大家站在不同角度看问题，从不同出发点来看对同一个人同一件事的评价差异。这就是培养学生多角度看问题的思维习惯，同一件事不能是非黑即白。从不同角度看问题，这样学生才能学会换位思考。

学习活动三：

T: If you were Lily，What would you do?

S1: If I were Lily，I would be sorry to Jim.

S2: If I were Lily，I would give the tiger a ball and leave him in the garden.

S3: If I were Lily，I would give him a gift and make Jim very happy.

S4: If I were Lily，I would ask Jim for permission.

S5: If I were Lily，I would tell Jim first .

S6: If I were Lily，I would help Jim clean the house because my tiger did a lot of sloppy things.

S7: If I were Lily，I would hold another party for Jim to say sorry to Jim and make Jim happy.

S8: If I were Lily，I would take a lot of toys that the tiger liked.

S9: If I were Lily，I would make a cake for Jim again.

T: If you were Jim. What would you do?

S1: If I were Jim，I wouldn't yelled to Lily and the tiger because I was a host.

S2: If I were Jim，I wouldn't be angry with the tiger.

S3: If I were Jim，I wouldn't be friendly/kind/polite to them.

S4: If I were Jim，I would understand them/control myself better.

S5: If I were Jim，I would be tolerant to others.

S6: If I were Jim，I would think more about others.

T&S: We should learn how to put yourself in other's shoes.

Putting yourself in other's shoes is like a rainbow that builds a bridge between people and makes our life better and better.

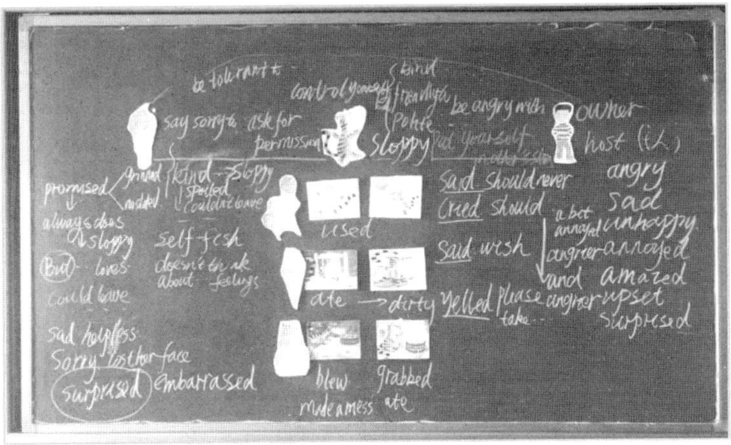

图5-8

在此环节，教师引导学生对Lily的决定到底好不好做出判断，引发学生创造性思维和批判性思维，同时带领学生思考如何处理好生活中类似的事件，学会生活，学会做人。

If you were Lily，what would you do?让学生结合自己的生活经历给Lily出出主意，怎样把事情妥善解决好，怎么让Lily从自私变得不自私呢？有学生说："我还带着老虎去，但是我给小老虎带些它喜欢的玩具，我让他在花园里玩儿，我不让它进屋。"还有一些学生说："明知道它冒失，我不忍心把它放在家，我带它去之前，我会请求主人的同意。"，还有的学生会说："我多给Jim带一些礼物。然后再参加这个聚会，看到自己的小老虎在Jim的聚会上做了很冒失的事情，我会向Jim道歉，我会给Jim重新做个生日蛋糕来表示我的歉意，我会先把小老虎送回家，买些礼物，帮助Jim收拾一下房间。"学生现在怎么说，其实就意味着将来他们自己会怎样待人接物。在这种讨论中看到了学生创新性思维在发展，学生课上思考的这些办法是可行的，如果在这个过程中出现了不太可行的办法，或者是不那么道德、不那么正确的价值观和想法，教师就应当纠正，正确引导。学生的思维品质和价值观就是在这样的思维碰撞中逐步形成起来的。

另外，此节课的板书设计也是教师的精心设计，很有特色，是教师记录下学生在阅读中一步步探究小说主题意义的生成过程，同时也是引领学生思维生成发展的过程，又是培养学生小说阅读策略的方法呈现（见图5-9）。

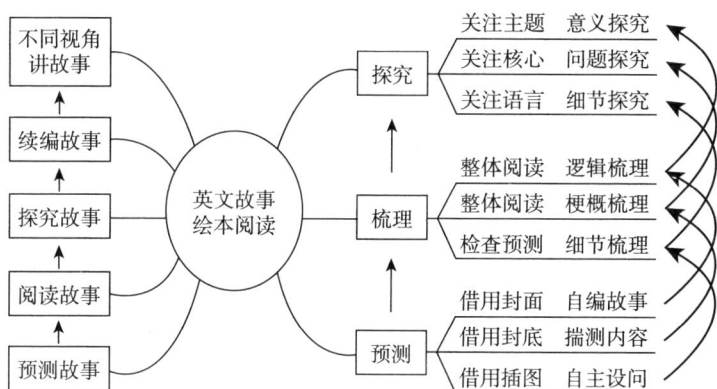

图5-9

经过上一学期的英文小说阅读训练，学生在阅读策略、思维品质等方面有了一定的进步。在教师的引领下，学生可以按照"封面图片预测故事—故事导图梳理故事—小组合作分析人物—不同视角分享故事—图文并茂再造故事"的思路来阅读了。英语阅读教学是一个循序渐进的过程，不是一蹴而就的，这就要求教师在教学过程中要有耐心，尤其在培养学生思维品质这一方面更是不能急于求成。实践证明，阅读影响着学生的思维品质，而学生的思维能力又在阅读实践中得到不断提升。

六、结论与反思

（一）研究的结论

本课题研究立足于英语学科教学改革趋势，在前人研究的基础上，将课外阅读聚焦在英文小说阅读这一重要体裁上，所选小说语言生动，内容丰富，情节跌宕。教师通过课内外设计、实施一系列行之有效的阅读学习活动，引领学生形成有效的英文小说阅读策略，在学习活动中学生进一步加强对小说的理解，产生情感共鸣、内化语言，促进了学生逻辑性思维、创新性思维与批判性思维的发展，在参与活动过程中，英语学科核心素养得到不断提升。

1. 学生掌握了英文小说阅读策略

在课堂教学实践中，师生角色在不断发生着变化。以往教师总是不敢放手，都是由教师主导课堂，主导学生学习，教师领着学、教着做，学生在被动的学习。在本次课题研究过程中，教师实践指向学科核心素养发展的英语学习活动观，教学以学生为主体，教师是指导者、帮助者，逐渐放手让学生用英语做事情。教师通过英语学习活动设计，指导和培养学生形成有效的学习策略，学生在自主学习、双人或小组合作学习及探究式学习方式中获取知识、发展技能、提升思维。在英文小说阅读活动中，学生在参与学习活动、完成学习任务的过程中，逐渐接受和掌握了一定的、有效的英文小说阅读策略。学生可以按照"封面图片预测故事—故事导图梳理故事—小组合作分析人物—不同视角分享故事—图文并茂再造故事"这样的思路阅读一篇英文小说，已经形成了有效的英文小说阅读学习策略。

2. 学生提升了英语学科核心素养

以往教师认为英语课应该注重提高学生的语言能力、学习能力，而对学生的文化意识、思维发展等能力关注不够。通过理论学习和课堂实践，教师逐渐认识到英语学科核心素养是育人之本，英语教学的核心任务应该聚焦在指导学生学会用英语做事情，用恰当得体的语言表达观点，使语言学习和知识增长、思辨和表达能力发展融为一体，提高学生的学科核心素养。英文小说阅读，调动了学生的多种感官，学生以听、说、读、看、写等方式理解故事并深度解读文本，在学习和使用语言的过程中形成了正确的语音语调，提升了学生英语语感和用英语交流的能力、综合语言运用能力。

教师尝试设计具有综合性、关联性和实践性特点的英语阅读学习活动，指导学生在关注语言知识的同时关注语篇意义，使学生通过学习理解、应用实践、迁移创新等一系列融语言、文化和思维为一体的活动，学会获取、阐释和评判语篇意义，并联系生活实际表达个人观点，引发深度思考，发展多元思维，提升逻辑性思维、创新性思维和批判性思维的能力。

初中生正处在人生观、价值观和世界观形成的关键期。在英文小说阅读课上，通过阅读塑造他们积极向上的情感态度和价值观。英语小说中的故事和人物取材于生活，贴近学生生活实际，在吸引学生阅读兴趣的同时，也能感染、激发学生的真情实感。在阅读中学生学会了珍惜友情、重视亲情、理解他人、感恩社会和尊重生命等人生哲理，学会了面对和处理生活中的各种事件，学会了做人做事，成长为讲文明、懂礼貌、有公德、守秩序的有文明素养和社会责任感的小公民。

在参与英文小说阅读学习活动中，学生的思维品质得到提升。学生的归纳总结能力、推理判断能力、逻辑思维能力、批判思维能力和创造性思维能力在完成一系列活动中得以发展和提高。在对学生所做的访谈中，学生说："这种教学模式，不仅锻炼了我们的口语表达能力，还充分发挥了我们的想象力。""这种教学模式，有趣精彩，不同于常规课本教学，教学内容生动灵活，能让我们思考深度的问题，对我们有挑战性，很有趣。""增加了小组交流合作，可以培养我们的团队意识，也锻炼了我们的胆识，我们敢大胆发表意见和看法了。""读懂了故事中传递的情感，懂得了生活中应该学会传递爱与温暖。"

通过与学生交谈，他们对一些教学活动情有独钟。学生说：①根据故事的内容和自己的理解来进行视角讲故事，可以发散思维和运用我们的想象力、创造力，让故事的情节更加丰富；②通过上台演讲，锻炼自己的口语表达能力和语言组织能力，也锻炼了自己的胆量；③具有挑战性，通过小组合作的方式，增加了讲故事的乐趣，在相互讨论中可以相互学习，取长补短；④喜欢故事导图环节，使文章更加清晰、简练、有序，更好地概括文章，使我们的逻辑思维能力得到提升。

3.学生发展了自主学习的能力

在阅读教学中，我们不断引领学生尝试各种阅读策略，学生的自主学习能力得到了提升。学生在学习活动中，理解故事，感悟情感，分析人物，与作者对话，品味语言和分享体验。这样在不断的学习、体验、反思和提炼中，学生养成了主动学习、独立思考的习惯，同时在双人活动和小组活动中，增强了合作意识，体验了团队协作精神。学生逐渐掌握了各种阅读策略并能灵活地运用于自己的学习中，自主学习的能力也在不断提升。

（二）收获、经验与教训

在本课题实践研究过程中，无论从教学理论方面、课题研究规范方面，还是在教学实践方面，我倍感受益匪浅，收获良多。

1.通过英文小说阅读教学有效提升了学生的英语学科核心素养

英文小说本身不能提升学生的英语学科核心素养，学生的语言能力、学习能力、文化意识特别是思维品质的提升是建立在学生自己或群体深度学习基础上，而要实现深度学习，关键在于为学生提供有效的学习策略，组织有效的学习活动。本次行动研究，我探索出根据封面图片和题目预测故事、多层次问题的设计、故事导图、不同视角讲故事、回读和重复读等形式多样的课堂学习活动，激发学生深刻性思维、敏捷性思维、灵活性思维、创造性思维、批判性思维等思维品质不断提升，进而促进学生英语学科核心素养的逐步形成。

随着行动研究的深入，我收集了很多学生作品：故事导图、小说配画、图文并茂的英文绘本等。每一个作品都是学生们学习过程的收获，闪耀着思维的火花，巧妙的构思和精巧的创意。

2.提升了教师的理论素养和教学研究能力

从选题之初就抽出固定的时间加强教学理论学习和课题研究方面的理论知识，在研究过程中积极进取，大胆实践，丰富了自己的理论知识，也促进了个人的专业化发展。同时，在不断的教学实践中，针对每一节课中的每一个活动设计进行大胆探索和尝试、反思、改进；再尝试、再反思、再改进，在一次次的思考总结中提升自己，同时也激发学生的潜能，并努力寻找创新点，促进了自身英语教学能力和科研能力的提升。

在教学研究过程中我勤于反思，善于总结，敢于创新，提炼了丰富的教育教学成果，发表了以下论文：《六年级课外故事阅读的准备与实施策略——

校本课程的开发与尝试》《CLIL教学理念下的英语课外阅读研究》《浅谈初中毕业年级书面表达的指导策略》《英语原创绘本教学研究报告》《通过绘本阅读提升学生思维能力的教学实践——六年级绘本教学策略行动研究》《在英文小说阅读活动中提升学生的思维品质》。

在课题研究过程的不同阶段，我做了几节公开课，如*Letters for Mr. James*、*A Magician's House*、*Sloppy Tiger and the Party*等，这些课例得到了北京市专家、燕山教研员和英语教学同行的认可，可供同行借鉴参考。我们还尝试将某些故事改编成英文剧本，并指导学生编演短剧。作为主编，我和课题组老师一起编纂燕山东风中学英语校本课程教材《剧润心田》，并承担校本课教学。

第二节　绘本阅读教学中促进学生思维品质发展的实践策略①

一、引言

人们在工作、学习、生活中每逢遇到具有挑战的问题，总要"想一想"，这便是通过分析、综合、概括、抽象、比较、具体化和系统化的一系列思维活动，对感性材料进行加工并转化为理性认识，同时进一步解决问题的过程。学生的学习活动离不开思维，思维能力是学习能力的核心。思维品质则是思维活动中智力和能力的集中表现，具有深刻性、灵活性、创造性、批判性和敏捷性等五个相互联系、密不可分的基本特征。深刻性是指思维活动的广度、深度和难度，指向深入思考问题，善于概括归类，逻辑抽象性强，善于透过现象抓住事物的本质和规律。灵活性是指思维的灵活程度，指向突出的概括

---

① 本节内容为北京教育学院2019—2021年度"初中英语特级教师工作室项目"成果之一。

迁移能力，善于综合性分析，能够举一反三，全面思考和解决问题。创造性是指创新精神，善于发现问题并创造性地解决问题。批判性指独立分析和批判的程度，其实质是思维过程中自我意识作用的结果，比如反思、自我监控、元认知等，能够不断提升学生对客观世界和自身的认识。敏捷性反映了智力的敏锐程度，表现为思维活动正确而迅速。

在我国基础教育课程系统中，英语课程的性质是工具性与人文性的融合统一。就人文性而言，英语课程承担着提高学生综合人文素养的任务，即学生通过英语课程能够开阔视野，丰富生活经历，发展跨文化意识，促进创新思维，形成良好品质和正确价值观，为终身学习奠定基础。《普通高中英语课程标准》（2017年版）明确指出，思维品质强调思维在逻辑性、批判性和创新性等方面所表现的能力和水平，是英语学科核心素养的心智特征，有助于学生分析和解决问题的能力，使他们能够从跨文化视角观察和认识世界，对事物做出正确的价值判断。可见，在英语教学中通过学习体验增长语言知识的同时，提升思维能力，形成良好的思维品质就显得尤为重要。

二、绘本阅读教学中存在的问题

绘本阅读属于课外阅读，为学生发挥主体地位创设了条件。作为读者，学生是主动的、开放的、创造的，他们自愿阅读这些优秀书籍，极大地调动了阅读的积极性，得以提高接受能力和鉴赏水平。对于小初衔接的六年级学生来说，受英语语言基础和文化意识等限制，多数学生做不到完全自主的阅读，还需要教师的指导和帮助。然而，不少教师受到传统课堂中以讲授知识为主的教学观念的影响，在指导和帮助学生课外阅读的过程中经常出现流于形式、半途而废的现象，主要体现在以下两个方面。

（一）教师对绘本阅读的理解出现偏差，不能发挥绘本的作用

绘本最突出的是文学性和艺术性。绘本中文字非常少，但正因为少，对作者的要求更高：它必须精练，用简短的文字构筑出一个跌宕起伏的故事；它必须风趣活泼，符合学生们的语言习惯。因此，绘本的作者往往对文字仔

细推敲，再三锤炼。更值得一说的是图，绘本利用图讲故事的方式，将高雅的绘画艺术带到学生们的面前。这些图都是插画家们的精心手绘，讲究绘画的技法和风格，讲究图的精美和细节，是一种独创性的艺术。因此，绘本中要读的绝不仅仅是文字，而是要从图画中读出故事，进而欣赏绘画艺术。

然而，教师对绘本阅读的理解往往不够透彻，甚至出现偏差。绘本阅读的主流形式是教师根据语言学习目标筛选阅读材料，定时布置学生自主阅读，抽时间利用故事背诵或阅读理解试卷的形式检查课外阅读。教师往往仅关注阅读数量的叠加，作为完成课外阅读量要求的数据，却忽视了绘本阅读的质量。学生在自主阅读过程中，由于年龄、生活经验和认知基础等方面的局限，很难深刻体会到作者的意图，绘本阅读的效果也就大打折扣了。

（二）教师对绘本的阅读指导不到位，教学策略不得当

绘本阅读不仅是艺术的享受，对培养学生的认知能力、观察能力、沟通能力、想象力和创造力及情感发育等，有着难以估量的影响，还有利于学生思维品质的塑造。教师由于课时的限制，组织的绘本阅读教学活动往往过于简单，浮于表面，并未深刻理解绘本这种多模态文本中的图、文、音三个要素之间的紧密关系和相互作用，导致那些一闪而过的图画和文字只带来一时体验，这种"快餐文化式"阅读很难让学生产生一种眼睛享受、心灵愉悦、精神提升的美妙体验。

具体来说，英语教师绘本阅读教学策略存在如下问题：①教师主导过多，学生阅读学习时间很少，被老师"牵着鼻子走"，被动学习，缺乏独立思考的时间和空间。②教师问题的设计缺乏层次性，多是基于文本表层意思、引导学生获取事实性信息的问题，学生的思维参与度很低。③在复述故事的学习活动中，仅有部分学生能根据问题或关键词讲出故事梗概，多数学生死记硬背，照搬文中的原句，归纳、总结和概括的能力薄弱，重述故事缺乏逻辑性。④在依托故事改编成剧本和创编新的绘本故事这两类学习活动中，部分学生的逻辑思维能力、归纳总结能力、想象力和创造力得到了一定的激发，但思维的深度和广度及批判性思维能力还有待进一步加强。

三、在绘本阅读教学中发展学生思维品质的实践策略

在绘本阅读中提升学生思维品质，关键在于教师为学生组织有效的学习活动，提供有效的学习策略，使他们在自主或群体学习的基础上实现深度学习。下面我结合绘本阅读教学课例，说明在绘本阅读教学中促进学生思维品质综合发展的实践策略。

（一）深入分析绘本内容

绘本*Letters for Mr. James*语言不多，但很精练，在描写Mr. James没有收到信时用了"I never get any letters." "Never! Never! Never! "这样否定词的叠加的句式，表现出老人的伤心、绝望、孤独，以及期待别人关爱的热切；描写人们传递信息时，通过不同人物重复的动作和表达人物情感的词汇，体现出人们虽然互不相识但都很关心理解老人，并努力帮助他的意愿；描写老师和学生们写信时，用了大量的形容词并通过对比的手法，表现出学生们写的信形式各样但都充满关心与友爱；描写结局的对话中说："They can't be for me, I never get any letters."自言自语中表现出Mr. James的惊喜、激动和难以置信。

（二）基于学情分析明确教学目标

授课教师任教的学校处于北京市远郊区，实施五四制小学和初中培养模式，六年级学生属于本校初中学段，从小学一年级开始接触英语，已经掌握500个左右的基础词汇，300多个基础短语，并具备了初步的阅读能力。本年龄段学生喜欢故事阅读，一至五年级学习北京版英语教材，主要阅读该教材"Story time"版块中的小故事。阅读内容较少，而且主要是教师引领阅读，阅读后完成课后练习。学生对读过的故事印象不深，对阅读感到困惑，生词多且练习题枯燥，对学生缺乏吸引力。通过两个月的教学观察，学生喜欢读绘本故事，但不会讲故事，多数人还是背诵故事，缺乏思维的参与、拓展和延伸。

基于以上学情，教师将本次绘本阅读课例的教学目标确定为：①梳理Mr. James的烦恼（never get any letters，lives unhappily/lonely）及故事的发展过程

（...said to...，write letters to），以及故事的结局（Mr. James changed）；②绘制故事导图并借助导图复述故事，分析Mr. James的情感变化；③以不同的视角编、讲故事，结合自己的理解拓展故事情节。

（三）课例实施前培训学习策略

授课教师在教学实践中始终关注绘本阅读，但以往由于担心六年级学生词汇量不够、不会提问而不敢放手，大多是教师引领学生读，教师提问学生回答是主要的交流方式。实施本次课例前，为了给学生更多的空间和时间，教师在教学中尝试了预测和主动提问的实践策略。教师在课本（六年级北师版课本）教学中锻炼学生根据图片预测的策略。学生不会说英文，就先说中文，然后由教师教他们怎么说，到能用英语提问，但逻辑不清晰，教师进一步引导学生在用英文提问的前提下厘清问题的思路。经过一段时间的训练，学生通过主动提问预测文本内容的能力有了很大的提升，教师引导学生将这一策略运用到课外阅读中，学生拿到绘本后第一步是根据题目和图片有逻辑地提出预测问题；第二步通过快速阅读，简单了解故事的情节并回答自己对故事提出的预测问题。

在阅读3～5本绘本后，学生能够通过图片提问和预测，掌握故事的梗概。教师在此基础上引导学生用故事导图的方式获取和梳理、概括和总结故事情节的发展及人物性格特点和心理变化，并提出一些深层面的问题，引领学生分析与评价故事中人物的态度和行为，体会绘本作者传达的思想和人生道理，启发学生关联社会生活的方方面面进行深度思考。

（四）基于整进整出的教学活动综合发展学生思维品质

通过两个月的策略培训，学生基本养成了根据绘本题目和配图自主提问和预测的习惯，教师决定在课例实施过程中采用整进整出的教学模式，即"整体输入""整体互动"和"整体输出"，大胆放手，通过三个主要学习活动真正让学生在主动地参与、互动和表达中活跃思维，综合发展学生的逻辑性、批判性和创新性思维品质。

1. 整体预测：关注封面和封底，激活思维

绘本的封面和封底往往都有配图和文字，不仅告诉读者绘本的名称、作者、插图作者及出版社等基本信息，还为读者预测故事内容提供了重要的线索，能够有效激发读者的阅读兴趣。绘本封面和封底所承载的内容有所不同，可能是故事中某个关键人物，也可能是与故事情节发展息息相关的关键事件，或者是破解谜底的信号和线索。一般情况下，教师在教学中仅关注封面，担心剧透而忽视了封底的作用。实际上，封底包括大量的伏笔与暗示，对于学生预测整个故事的延伸和延续有着关键的影响。

本课中，教师引导学生同时关注封面和封底，提出问题并布置任务："What can you see in the pictures? Guess what happened in the story. Try to make a story by yourselves."教师通过对比引出Mr. James的变化，激发学生对变化原因的好奇心，同时引导学生整体预测故事，这就要求学生结合生活经验发散地思考故事内容，还要在组织故事情节发展的过程中关注逻辑联系，有利于逻辑思维和创新性思维的融合发展。

2. 整体输入：初读故事，绘制故事导图，发展逻辑思维

学生预测了整个故事后，教师布置让他们初读故事、获取信息并绘制故事导图的整体阅读任务。引导学生读完整的故事，整体理解故事，能够有效防止"碎片化"阅读方式。整体输入完整的语篇，能够为学习者提供完整的语境，便于他们掌握和加工语言。在这一环节中，教师并没有提出具体的问题去打扰学生对故事全局的整体思维，而是鼓励学生基于自己的预测整体阅读，在对比中理解绘本故事，获取信息并画出思维导图。

虽然这个任务对学生自主阅读能力的挑战性很大，但学生在此前实践能力的基础上能够有更充分思考的时间和空间。学生通过自己阅读和整合故事内容—与其他同学讨论、碰撞—互相补充，完善导图—根据导图把故事讲述给大家等一系列步骤的完整过程，能够综合发展逻辑思维和批判性思维能力。此外，学生基于同一个故事绘制了不同形式的导图，体现了他们的个体思考成果。

3. 整体理解：再读故事，分析和评价主人公情感变化，发展批判思维

六年级学生积累的阅读经验和生活经验都还很有限，很难自主思考绘本中传递的深刻的内涵和人生哲理。教师要在学生熟悉故事发展概要的基础上，引导学生关注绘本语言和图片中承载的细节信息，关联自身生活中的人物和事件，分析和评价故事中人物的性格、态度和行为，挖掘人物的情感变化，与绘本深度互动，通过与故事人物角色的共情逐渐发展抽象思维和批判性思维的能力。

在 *Letters for Mr. James* 中，主人公 Mr. James 前后情感的变化是学生体会社会关爱重要性的关键，教师提出 "How did Mr. James feel at first? And how did he feel at last? And how did this change happen?" 两个问题，引导学生通过默读体会老人内心丰富的情感变化，自然地生成从 never gets letters 到 gets letters，从 expecting 到 excited 的变化过程，找出了变化的原因和结果。学生进而通过朗读中声调的变化模仿表达，如 "Any letters for me? (expected)　Letters for me!（excited）"。最后通过小组讨论完成主人公情感变化曲线图，在与文本和同伴的深层互动中探究故事的主题意义。

4. 整体输出：从不同人物角色的视角复述故事，发展创新思维

在整体输入和理解绘本故事的基础上，教师要引导学生综合思考主题意义，整合所学语言进行准确、有效的表达，实现整体输出。为了促进学生与绘本的深度互动，教师可以灵活设计复述故事的教学任务，例如鼓励学生突破绘本作者的第三者视角，站在故事人物的立场重述故事。这样一来，学生既可以选择最喜欢的人物身份讲述，主动思考，最大限度地发挥了主动性，又可以聚焦所学语言，在灵活表达中内化、迁移和转换语言知识，对文本的思考和加工过程还能够凸显学生思维的独立性和多样性。

在本课例中，教师设计了这样的任务："How many characters are there in the story? Who do you like best? Why? Please retell the story to others as him or her." 让学生初次尝试以不同任务视角讲述绘本故事，对学生的挑战非常大，因此教师结合自己真实的身份，选用学生可以理解、能够接受的语言，率先进行多样的示范。

示范一：

I am a teacher. I knew the story from my children Lucy and Tom. Mr. James never got any letters. He was very sad and lonely because he didn't have any children or friends. My children and I thought and thought. At last，we found a good idea to help him. I asked my students to write letters or draw pictures to him. I was glad because I did something for Mr. James. I was also proud(自豪) of my children because they gave "love" to Mr. James.

示范二：

I'm a teacher. Mr. James is an old man in our district(地区). One day，I heard he lived lonely and never got any letters from others. I told my students about this. We had a discussion(讨论) and decided to do something for him. All of the students wrote letters to Mr. James. After getting the big and small letters，Mr. James felt very happy and he is living a happy life now.

在教师示范的基础上，学生也表现了极高的参与热情，尝试以喜欢的角色身份对主人公Mr. James表达关心之情，真正融入故事的情感氛围中，呈现出不同的个性化作品（见图5-10）。

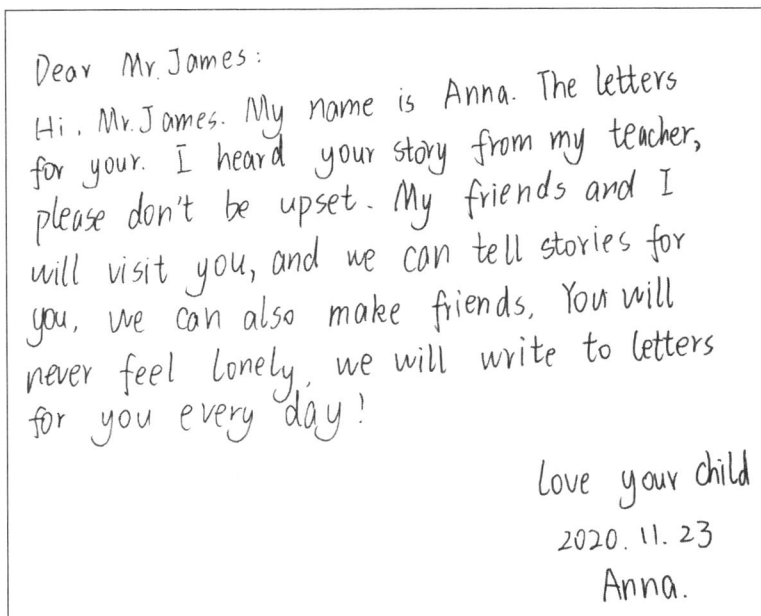

Dear Mr. James:

Hi, Mr. James. My name is Anna. The letters for your. I heard your story from my teacher, please don't be upset. My friends and I will visit you, and we can tell stories for you, we can also make friends, You will never feel lonely, we will write to letters for you every day!

Love your child

2020. 11. 23

Anna.

图5-10

四、结语

在本次阅读教学课例中，教师鼓励学生将知识结构化，故事导图多样化，更好地体现了学生真实的阅读过程和不同的思维模式。学生真正阅读的状态引发了教师的讨论与反思。从封面、封底入手整体预测故事，不仅是教给学生一种阅读策略，其实也是激发学生的阅读欲望。以故事的两幅图为切入点，大胆放手，让学生依据图片想象故事内容，打开了学生的想象力和思维潜力。绘本阅读中采用整进整出的教学方式还原了真实的阅读过程，让阅读更扎实，更具有实效性，更利于学生自主表达；以不同视角讲述故事，给了学生思维"展翅高飞"的机会，让学生的逻辑性、批判性和创新性思维得到了融合发展。

此外，教师也认识到，学生不会思考并非都是自身的原因，更要从教师教学的角度分析原因和提升策略。一是教学问题与学生思维的发展关系密切，问题链要清晰，要有层次和梯度，要给学生独立、深度思考的空间；二是要充分利用丰富多彩的教学资源，创设阅读、理解、分析、综合和评价等不同程度的思维活动，有层次地提高学生的思维能力，学生要在基于文本和深入文本的阅读理解中提高逻辑思维能力，要在读懂故事中传递情感的基础上完成超越文本的高阶思维活动；三是要结合学生的实际生活和认知基础，鼓励他们大胆发挥想象力和创造力，在小组合作中深度互动与交流，运用和迁移绘本中的语言知识和文化知识解决真实问题。

在课例后续的一段时间内，教师坚持整进整出的教学方式，学生在反馈中表示，这种阅读方式不同于常规课本教学，绘本更加有趣、生动和精彩，不仅锻炼了口语表达能力，还充分发挥了想象力，培养团队合作意识。根据故事内容和自己的理解来进行多重视角讲故事，可以发散思维，培养想象力、创造力，上台演讲具有挑战性，锻炼了口语表达能力和语言组织能力，也锻炼了胆量，小组合作讨论中可以相互学习，取长补短。一段时间后，学生逐渐从口头复述故事主动转向给故事内容配图和书面创编小故事等形式，把自己的故事订成一本，和绘本故事放在一起，实现了基于故事的深度理解和超越故事的创造表达，促进了学生批判、创新思维的综合发展。

第三节 沐春风而思飞扬

时光飞逝，转眼间，我加入"北京市初中英语特级教师工作室"学习已有两年了。回顾两年的学习，我们在李老师和国老师的带领和悉心指导下，参加了内容丰富、形式多样的学习活动，先后参加了多次专业理论课、公共理论课及教科研讲座的学习，观摩和研讨了多节名师的优质课，承担研究课并开展课题研究。我感受到这个集体给我带来的快乐与收获，也让我在这个团队中成长。学员们好学上进，乐于创新，勇于开拓的精神也感染着我，让我在教育教学实践的岗位，迈着坚实的步伐前进。对于两年的工作室学习，总的感受就是大开眼界、受益匪浅，同时也看到了自身的不足，现将两年的工作室学习和体会总结如下。

一、进行理论学习，提升教学理念

在参加一系列的理论学习后，使我对新课程标准下如何做一名优秀的教师有了一个更清楚的认识，首先，必须树立正确的课程观，深层认识英语学科的功能和价值；其次，要明确课程的三维目标系统，同时还要建立大课程的观念，把英语学科和其他学科如信息技术等有机地结合起来。专家通过大量生动的案例，讲述了如何有效地教育学生，对我的教学工作起了很大的指导作用。专家关于教育考试的命题与评价的讲座，使我了解了英语命题的基本原则和评价的基本策略，为我在今后各种考试的命题提供了科学的理论依据，克服了以前命题的盲目性和随意性，科学地评价学生的英语水平。专家老师结合自身多年的教育教研经验，从不同角度对英语课堂教学策略进行了比较透彻的讲述，对课堂教学水平的提高具有积极的指导作用。准确理解和把握教材是教师教学能力的重要体现，专家对教材的解读是立足于多年的教学经验和深厚课程理念的基础上进行的，因此这类交流活动中他们对教材的解读准确到位。通过学习我学会了更加深入地对现行英语教材进行全面的解读，分析学生的知识结构、设计教学目标、创设教学情景、选择教学方法等，同时自己在课堂教学中的思考、解决问题过程中，生成了新的教材使用理念。在学习中循序渐进地实现"丰富教学理论—更新教学理念—提升教学水平"。

二、扎根常态课堂，指导教学实践

运用所学理论知识，结合教学实际情况，将崭新的教学理念引入常态课堂，这是非常有效的学习和实践形式，也是教师专业化成长的有效途径。在直观的英语课堂教学研究和深入的分析讨论中，更有效地指导了课堂教学实践。国老师和李老师指导我们上观摩课、示范课，课后具体点评，再上再评。学员教师们执教常态课，利用现代化教学设备或因地制宜地制作一些实用的教具，以流利的英语教学口语、娴熟的任务情境创设丰富多彩的互动教学方法，这些教师的驾驭课堂教学的能力使我大开眼界，感受当前中学英语教学的最新动态，加深了对新课程理念的理解，也促使自己反思课堂教学中的不足之处。授课之后的研讨则是课堂示范的最终目的，"我是怎么设计这节课的？我为什么要这样设计这节课？还可以怎么上？这节课的理念对于其他课的迁移指导作用"。通过授课教师对自己教学思路的剖析，又通过导师与学员之间的对话，实现了理念升华、方法内化的效果。通过一课多轮、同课异构等方式，力求每位教师在纵向对比、有效引导中实现迅速成长。观摩研讨、互动评课、横向对比、促进提升的方式，有效提高了我们的教科研水平，让教学观摩更加丰实有效。

三、开展课题研究，提升研究水平

通过教学实践中发现的问题和对学生的前期调查，开展"在小说阅读中提升初中生英语学科核心素养的实践研究"的课题研究，力求通过行动研究的方法，达到提升初中生英语学科核心素养，特别注重学生思维品质的培养的目的。本课题研究立足于英语学科教学改革趋势，在前人研究的基础上，将课外阅读聚焦在英文小说阅读这一重要体裁上，所选小说语言生动、内容丰富、情节跌宕。教师通过课内外设计、实施一系列行之有效的学习活动，引领学生形成有效的英文小说阅读策略，在学习活动中学生进一步加强对小说的理解，产生情感共鸣，内化语言，促进了逻辑性思维、创新性思维与批判性思维的发展，在参与活动过程中，学生的英语学科核心素养不断得到提升。在本课题研究过程中，收获颇丰。

（一）教育观念发生了改变

以往教师认为英语课应该注重提高学生的语言能力、学习能力，而对学生的文化意识、思维发展等能力关注不够。通过理论学习和课堂实践，教师逐渐认识到英语学科核心素养是育人之本，英语教学的核心任务应该聚焦在指导学生会用英语做事情，用恰当得体的语言表达观点，使语言学习和知识增长、思辨和表达能力发展融为一体，提高学生的学科核心素养。

（二）教学观念和教学方法发生了改变

在课堂教学实践中，师生角色在不断发生着变化。以往教师总是不敢放手，都是由教师主导课堂，主导学生学习，教师领着学、教着做，学生在被动地学习。在本次课题研究过程中，教师实践指向学科核心素养发展的英语学习活动观，教学以学生为主体，教师是指导者、帮助者，逐渐放手让学生用英语做事情。教师通过英语学习活动设计，指导和培养学生形成有效的学习策略，学生在自主学习、双人或小组合作学习及探究式学习方式中获取知识、发展技能、提升思维。

教师尝试设计具有综合性、关联性和实践性特点的英语阅读学习活动，指导学生在关注语言知识的同时关注语篇意义，使学生通过学习理解、应用实践、迁移创新等一系列融语言、文化和思维为一体的活动，学会获取、阐释和评判语篇意义，并联系生活实际表达个人观点，引发深度思考，发展多元思维，提升逻辑性思维、创新性思维和批判性思维的能力，提高英语学习能力和综合语言运用能力。

（三）科研能力及论文撰写能力得到提升

在课题研究过程中，教师学习并实践了一些课题研究的方法，学会了收集调查数据，用科学的方法对数据进行分析、处理、加工和提炼，并依据分析结果对教学进行总结、反思和调整。同时，教师能有意识地加强理论学习，利用"知网"等途径搜寻查阅参考文献，借鉴前人的经验，用理论解决实践中发现的问题。在研究过程中，多次做研究课，课后加强反思并及时记录心得体会，总结经验教训。

（四）尝试了英语学科与美术学科的学科融合

多年来，我校作为美术特色校，学生迈进中学的校门就接受美术专业学习和训练，学生逐渐具备一定的美术素养和绘画能力。小说作品有生动流畅的语言、匠心独运的构思，细腻鲜活地描写了丰满的人物形象和引人入胜的故事情节，教师指导学生为小说配插图、将小说内容再创作成图文并茂的英文绘本，将美术学科实践融合于英语阅读教学，这也是对我校原有的美术办学经验的一个补充和拓宽，一方面，扩大美术教学和美术知识运用的领域，丰富美术教学的内容和空间，另一方面，英语与美术的学科融合教学将开创我校在学科融合教学方面的新尝试，为其他学科之间的融合提供借鉴和参考，推动我校特色教学的形成。

在课题研究过程中，教师在指导学生阅读的同时也在不断学习，但仍感觉知识储备不足，尤其是课题研究方面的知识仍然欠缺，有的概念界定不清，还需自己加强学习并需要专家的引领。同时，本课题组成员中研究型教师不足，苦于难觅帮手。再者我在校承担多项工作，管理时间、教学时间与学习时间时常冲突，时感力不从心。但是不管遇到什么样的困难，英语学科核心素养已经扎根在我们的英语教学和研究中，这是我们要不断追求的育人目标。在今后的研究中，我们将巩固并推广已有的研究成果，并在此基础上继续探索和尝试更加行之有效的方法和途径，提高教师教学能力和课堂实施能力，努力提高我的教育专业化水平，通过教师的改变，以更好地促进学生的英语学科核心素养的形成和发展。

参考文献

[1] 柳军.中考英语听说人机对话考试模式的实践与思考[J].宁夏教育科研,2019（2）.

[2] 蒙雨.词块教学法在高中英语阅读教学中的应用[J].西部素质教育,2020,6（04）:224.

[3] 陈娟.初中学生英语名著阅读的调查与教学策略[J].基础教育研究,2016（10）:40-41.

[4] 丁亚.浅议初中英语教学中听说训练的完善策略[J].教育教学论坛,2012（25）:116-117.

[5] 郑安萍.初中英语教学中的听说训练改进策略分析[J].中国校外教育,2015（12）:82.

[6] 中华人民共和国教育部.义务教育英语课程标准[M].北京:北京师范大学出版社,2011.

[7] 路慧霞.中学语文课堂教学与接受美学的探究[J].青海教育,2005（21）:38-39.

[8] 朱立元.接受美学导论[M].合肥:安徽教育出版社,2004.

[9] COYLE D, HOOD P, MARSH D. CLIL: Content and language integrated learning [M]. Cambridge University Press, 2010.

[10] 王娇艳.CLIL课堂学生认知能力的培养[J].湖北经济学院学报,2015,12（10）:189-190.

[11] 张林.特色定位导向的高校旅游开发研究——以武汉大学为例[J].荆楚学刊,2005,16（1）:73-78.

[12] 周平.英文绘本在小学英语教学中的有效应用[J].华夏教师,2018（2）:96.

[13] 姚娜.浅析巧用绘本丰富小学英语教学课堂[J].中国校外教育,2018（4）:105.

[14] 杨文文，邵梅．浅谈利用绘本提高小学生英语阅读能力［J］．中国校外教育，2017（5）:83-84.

[15] 中华人民共和国教育部．英语课程标准 [M]．北京：北京师范大学出版社，2001.

[16] 张铁城．中学英语语篇教学初探 [M]．北京：北京教育出版社，2000.

[17] BUSH W. The role of reading in foreign language acquisition: designing an experiment project［J］. English Language Teaching Journal, 1991.

[18] DAVIS C. Extensive reading: an expensive extravagance［J］. English Language Teaching Journal, 1995.

[19] DOWHOWER S L. Effects of reported reading on second-grade transitional readers' fluency and comprehension [M]. Reading Research Quarterly, 1987.

[20] LA BERGE D, SAMUELS S J. Toward a theory of automatic information process in reading [M]. Cognitive Psychology, 1974.

[21] TAGUCHI E. The effects of reported readings on the development of lower identification skills of FL readers . [M] . Reading in a Foreign Language , 1997.

[22] 陈则航，王蔷，钱小芳．论英语学科核心素养中的思维品质及其发展途径［J］．课程·教材·教法，2019.（39）: 91-92.

[23] 程 晓 堂．导 读 in Neil J. Anderson . Exploring second language reading: issues and strategies. [M]．北京：外语与研究出版社，2004.

[24] 董亚芬．我国英语教育应始终以读写为本［J］．外语界．2003(1): 2-6.

[25] 林崇德．21 世纪学生发展核心素养研究 [M]．北京：北京师范大学出版社，2016.

[26] 刘润清．二十一世纪英语教学——记英国的一项调查［J］．外语教学与研究．1996（1）.

[27] 童秀贞．浅谈初中英语教学中扩展性阅读［J］．教学月刊（中学版），2005（2）: 19-20.

[28] 王慧．高中英文名著阅读教学助力学科素养提升分析［J］．英语教师，2018（20）: 80-83.

[29] 王蔷．从综合语言运用能力到英语学科核心素养——高中英语课程改革的新挑战［J］．英语教师，2015，15（16）: 6-7.

[30] 王蔷，敖娜仁图雅 . 中小学英语绘本教学的途径与方法［J］. 课程 . 教材 . 教法，
2017，37（4）：58-73.

[31] 薛祖鸿 . 基于思维品质提升的英文短篇原版小说自主阅读研究［J］. 基础教育研究，
2020：223-224.

[32] 章兼中，俞红珍 . 英语教育心理学 [M]. 北京：警官教育出版社，1998.

[33] 中华人民共和国教育部 . 普通高中英语课程标准（2017 年版）[M]. 北京：人民教育
出版社，2018.

[34] 韩宝成 . 整体外语教育及其核心理念［J］. 外语教学，2018，39（2）：52-56.

[35] 吴念阳 . 外国中小学教育中绘本的运用［J］. 外国中小学教育，2013（5）：14-20.

[36] 袁晓峰 . 让孩子去热爱与渴望——"绘本快乐阅读"课开发的理念与实践［J］. 人
民教育，2006（23）：35-37.

[37] 周俐 . 儿童绘本中的图、文、音——基于系统功能多模态语篇研究及社会符号学理
论的分析［J］. 外国语文，2014，30（3）：106-112.

[38] 王娟 . 关于英语课外阅读的文献综述［J］. 文学教育，2016.10.